U0019725

小學6年

一定要培養的

計算能力

松島伸浩 著

高濱正伸 監修

林冠汾 譯

洪進益（小益老師）審訂

小学校6年間分の計算がスッキリわかる本

前言

近來大家都習慣不在車站直接買車票了。購物時，以電子錢包付費的比例也增加了。日常生活中，「動手算」的機會越來越少。

回想年輕時，我參加檢定的經驗。當時考場上只聽得到快速敲打計算機的聲音，瀰漫著一股難以言喻的緊張感，讓人深刻感受到那是一個不允許看錯、打錯、會錯意的嚴酷世界。然而，發展到今天，聽說稅務顧問和會計師的職業也將被 AI 取代。

有時視狀況需要，學校教育也會開放學生使用計算機。然而，實際在課堂上或入學考試時，幾乎不允許使用計算機。每到升學考試的日子逼近時，就會有很多家長擔心自己的孩子無法避免計算錯誤的毛病，抱著迫切的心情跑來問我：「有沒有什麼方法可以改善？」

在科技如此進步的時代，學校教育卻依舊要求學生自己動腦、動手來習得計算力。為何要這麼做呢？

所謂的計算，是必須在有限的時間內，同時發揮周密的作業力以及數理性的思考力。具體來說，「進位、退位」必須具備拆解數字的能力、「九九乘法」必須具備正確的輸出能力、「二位數 × 一位數」必須具備在腦中想像的能力、「除法筆算」必須具備估商的能力、「小數、分數」必須具備按照步驟展開的能力、「計算規則」

必須具備俯瞰整體的能力。此外，還必須具備運用巧思的能力，以及運用公式、知識的能力等等，計算是一種必須在瞬間發揮各種能力的行為。在所有計算過程中，防止計算錯誤的驗算能力也是必須具備的能力。不限於數學，像這樣透過計算而培養出來的能力在學習各科目上，都有助於奠定重要的基礎能力。

本書將舉出小學六年教育裡面，最具代表性的計算問題，同時搭配容易犯錯的例子，以簡單易懂的方式講解應該依什麼樣的步驟、應該如何思考，才能快速又正確的解題。

另外，書中也設有專欄，針對有助於提升計算力的重點、計算知識和計算技巧等內容做了彙整。附錄於書末的練習題，可用來確認孩子在哪個部分可能受挫。只要確實依序掌握最前面到應用篇的內容，就能學習到入學考試以及國中數學必須具備的計算基礎。

衷心期盼本書能為想要提升計算力的小學生及家長們，提供一臂之力。

松島 伸浩

School FC

第 **1** 章

如何培養孩子的計算力？

第 **2** 章

整數計算

第 **3** 章

小數計算

第 **4** 章

分數計算

第 **5** 章

計算規則

第 **8** 章

計算技巧

第 **9** 章

在家提升計算力的方法

第 **1** 章

如何培養孩子的
計算力？

為什麼有的孩子討厭數學，或看到數學就心生抗拒？

小一到小三所建立的基礎
將大大影響未來的數理計算力

在小學的所有科目當中，數學是孩子「喜歡」和「討厭」表現最明顯的科目。為什麼呢？最大的原因就在於會不會計算。這個差異會決定孩子喜歡或討厭數學。

小學一年級到六年級所學習的數學之中，大約3～5成的內容都是在學習如何計算，尤其一到三年級的孩子學習計算的比例更高。首先，必須學會加法和減法，接著是乘法、除法。到小學三年級之前，幾乎所有數學課程的學習都是在「學習如何計算」，以及「學習計算方法」。

這麼一來，會出現什麼樣的現象呢？

如果在低年級時就確實培養出計算力，自然不會產生看

到數學就抗拒的心態，喜歡上數學的孩子也會變多。相反的，如果沒有趁著低年級時確實培養出計算力，看到數學就抗拒的心態會變得很強烈，導致很多學生從小開始「討厭數學」。

比起國、高中學習的「數學」，小學的「數學」更有機會在平常生活中運用。舉例來說，小學的「數學」會學習到購物時要怎麼計算，或是要怎麼看時鐘等，這些都是直接關係到日常生活的能力。長大成人後，每天都會在無意識中運用許多透過「數學」習得的能力。

這些數學能力就是靠「計算」來奠定基礎。奠定基礎的過程會先從「數數」開始學習，接著一步一步地學習如何加減乘除，如果在這個時間點受挫，將會難以揮去看到數學就抗拒的心態。

數學的一切都是累積而得。如果沒有奠定好計算基礎，就會無法理解國、高中的數學教學內容。說到國、高中所學習的「數學」，會遇到很多即便是大人也難以解題的內容。不過，只要把這些艱深的數學內容往回推，就會發現一切的基礎都歸於小學低年級所學習的數學、計算。

如果沒有奠定好基礎就想直接挑戰艱深的「國、高中數學」，恐怕會太勉強。比起其他科目，數學這個科目尤其需要確實習得低年級時應學習的知識＝計算基礎，萬一在小學就受挫，最後將會一路影響到國中及高中的學習。

　　當然了，學習永遠不嫌晚。不過，為了不要變成「討厭數學」的人，最重要的還是從低年級就扎扎實實的奠定基礎計算的能力。

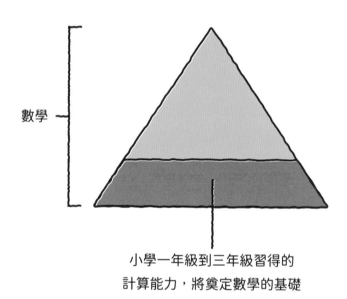

數學

小學一年級到三年級習得的
計算能力，將奠定數學的基礎

「孩子在學校考試分數都不差，沒什麼好擔心的！」這麼想就錯了！

小學的考試拿 100 分是理所當然
千萬不能忽略計算錯誤

「我們家孩子每次考數學都拿得到80分左右，沒什麼好擔心的吧！」

有些家長會這麼認為，但這樣的想法其實是個陷阱。反而應該說，即使孩子能拿到相對較高的分數，還是有不少升上國、高中後因為數學而受挫的例子。

有別於入學考試或國中後的段考、期末考，小學的考試不是「為了分出學生的優劣或排名而有的考試」。小學的考試是一種確認動作，目的在於確認學生是否已經學會、已經牢記學習的內容。

假設孩子考試拿到了90分，家長可以誇獎孩子表現的很好。但也不能因此忽略「錯了幾題」、「錯在什麼地方」的部分，應該要及時糾正。

重要的是，家長必須確實掌握孩子「算錯了什麼」、「什麼地方不懂」。如果孩子總是算錯類似的題目，就需要給予指導，幫助孩子確實理解爲何算錯。

「這部分學校不是也應該負責指導嗎？」或許有人會這麼想，但在小學裡，一位老師必須指導30～40名學生。對於明顯看得出來不懂計算的學生，有些老師會給予指導，但如果不是錯的太離譜、不需要費心指導的學生，恐怕難以要求老師一個一個針對學生不懂之處進一步指導。

不要被考試高分的假象蒙蔽眼睛，
孩子低年級時，家長應該給予協助

我在前面也提到過，數學是累積而得的。只要有一個環節不懂，漸漸的，這個問題就會像滾雪球一樣越滾越大。即便現在考試拿到90分，沒拿到的10分會隨著學級往上升，增加爲20分、30分，有時等到察覺時已經變成「看到數學就心生抗拒」的孩子。

「你爲什麼沒有考100分？」當然了，像這樣不分青紅皂白的譴責孩子也不恰當。請家長先肯定孩子的努力和表現，一邊看考試結果，同時一邊確認孩子錯在什麼地方，或有沒有不懂之處。

以小學低年級的數學內容來說，由家長來指導孩子應該不會太困難。計算基礎的培養不應該只交由學校老師負責，請家長抱著「讓孩子確實學習計算基礎是父母責任」的決心，好好協助孩子！

考試拿高分的孩子容易遇到的陷阱：

● 其實沒有確實理解，只是恰巧答對而已。

● 拿到80分、90分就「滿足」的話，
　有可能在高年級時受挫。

● 認爲自己「數學很強」而過於自信，
　導致疏忽每天一點一滴的累積。

計算力可以靠練習來培養，

但年級上升，練習內容會越多，時間分配是問題。

　　透過每天的練習，肯定能夠培養計算力。當然了，這部分多少會有個人差異，但不會發生練習再多也不會進步或無法理解的狀況。

　　就這個角度來說，想要「培養計算力」永遠不嫌遲。不過，越慢開始培養，必須做的練習就會增加也是不爭的事實。

　　舉例來說，如果沒有牢記九九乘法，就無法進行除法計算。把九九乘法記熟，就能往下一個階段邁進，但如果到了三、四年級要用除法計算時，才發現九九乘法沒有背熟的話，這下子就得重做一遍九九乘法的練習，視狀況而定，說不定還有必要複習進、退位。

　　其實只要重新複習就好，但孩子天生就不喜歡「重看」、「複習」的動作。

　　孩子只對「新事物」、「目前樂在其中的事物」感興

趣，對一個小學三年級的孩子說：「你要重學一遍二年級時學過的東西。」恐怕很難讓孩子乖乖聽話。

　　所以最好在學習受挫時，就盡早做好扎實的練習，直到完全理解為止，效果會最好。

　　話雖如此，但到了事後才發現以前沒學好的例子其實還不少。遇到這種狀況時，家長有必要費一些巧思，盡量讓孩子覺得練習題目「真有趣」。

　　網路時代的APP軟體應有盡有，當中也有許多計算遊戲，讓孩子像在玩遊戲般的學習也不失是一個好方法。另外，市面上販售的練習本，也有許多不是依「年級別」，而是「進階型」的版本可以多加利用。

　　練習本的年級若是低於孩子目前就讀的年級，孩子的年紀雖然小，還是有可能感到自尊心受損，或者也可能以「這之前練習過了」當藉口而遲遲不肯練習。不過，如果是與年級無關，而是按級數慢慢升級的類型，有時可以讓孩子覺得像在玩闖關遊戲一樣，在享受樂趣之中學習。

發現「學習受挫」就要盡早解決！
六年級暑假時間的運用將成為關鍵！

　　在找出適合的練習方式時，至少要達成一個目標，就是「在小學畢業前學會小學數學」。基本上，國中數學都是以「已習得所有小學數學」為前提來展開學習。舉例來說，國中的數學老師會認定學生理所當然已經懂得如何計算小數和分數。

　　如果能夠做到一年級的學習內容就趁一年級時、三年級的學習內容就趁三年級時好好學會，當然是再理想不過了。不過，如果以畢業前「最後機會」的觀點來看，六年級暑假時間的運用就是重要關鍵。利用這段時間重新審視一遍有沒有學習受挫之處，若發現問題，就要設法解決。尤其是五、六年級所學習的「比例」和「速度」單元，會帶入小數或分數，有很多孩子會在這個階段陷入混淆，沒辦法完全理解。

　　建議在時間還比較充裕的小學時期，讓孩子百分之百學會小學的學習內容吧！

有可能降低計算錯誤率，但不可能零錯誤

為什麼長大成人後比較不會計算錯誤？
因為大人在日常生活中就會努力減少失誤

　　計算和錯誤有著斬也斬不斷的關係。我們是人，任誰都會失誤。雖然難以做到零錯誤，但可以「減少」錯誤。

　　舉例來說，在單純的計算上，大人幾乎不會計算錯誤。原因是多數大人在累積「社會經驗」的同時，逐漸養成隨時提醒自己「不要失誤」的習慣。

　　如果一個人被指派負責製作結算表，卻在單純的計算上出錯，這個人在公司的地位，或是嚴重一點的話，說不定連收入也會受到影響。如果在購物時計算錯誤，有可能會造成損失。對大人來說，不僅是計算，各種失誤都會直接影響到生活，所以自然而然地就漸漸學會「預防失誤」。

　　另一方面，孩子的狀況呢？孩子如果在考試時計算錯誤，或許會受到父母或老師的責罵，但幾乎不會讓自己的生

活受到任何影響。

　　另外，孩子跟大人不同，還沒有累積那麼多的社會經驗，所以不太清楚「自己容易犯下什麼樣的失誤」。

　　如果想要減少失誤，那就要看能不能掌握「自己容易犯下的失誤」，以及「確認有沒有失誤」，這是重點所在。

　　以小學生為例，孩子升上六年級後，有時會隨著入學考的日子逼近，變得比較少發生計算錯誤。這樣的改變當然是因為一路累積了「經驗」，但有一部分也是因為孩子開始意識到「入學考」的重要性，將對自己的人生、生活帶來極大的影響。

透過調整生活習慣，可減少計算錯誤

　　話雖如此，孩子畢竟年紀還小，對於「失誤會大大影響你的人生和生活」這樣的話，想必也不會有太深刻的感受。

　　那麼，該怎麼做才好呢？請先試著從調整生活習慣做起。舉例來說，讓孩子保持規律的生活節奏。俗話說「早睡早起身體好」，有規律的睡眠、飲食習慣能夠讓孩子長得健康強壯，精神穩定。

如果體力不足，很快就會失去專注力，而如果處於精神不穩定的狀態，就算讀了書也無法順利吸收。日常生活或上學，當然也會變得粗心大意。當生活變得節奏分明，孩子自然會穩定下來，也能專心學習。還有，是否能夠整理好周遭物品，也是個重點。

不限於數學，孩子的書桌或書包裡越是亂七八糟，考試或寫習題就越容易有小失誤。這樣的孩子抄起筆記也會顯得潦草或不仔細，最後導致抄寫錯誤。就我所知，有不少例子，只要重新審視一遍有沒有做好日常的整理，以及善後習慣，成績就能獲得改善。

學習也是生活的一部分，在建立學習的好習慣之前，應該優先建立良好的生活習慣。當孩子學會提醒自己行動要有規律，自然而然地在學習方面也會產生正面影響，最終也能慢慢減少錯誤的發生。

> **減少計算錯誤的方法**
> - 有規律的睡眠和飲食習慣
> - 叮嚀自己做好整理工作
> - 提醒自己做到「驗算動作」
> - 掌握自己容易有什麼失誤以及壞習慣

計算錯誤不是「失誤」

計算錯誤
是因爲練習與知識不足

　　我在上一頁介紹了「減少計算錯誤的方法」，但其實大多數的計算錯誤都不是純粹的「不小心失誤」。

　　一般來說，計算錯誤幾乎都是因爲計算力不足。爲什麼計算力會不足呢？可大致分爲兩個原因。一個是「練習不足」，另一個是「知識不足」。

　　在計算的練習上，如果學校給的習題充足，那就不需要擔心，但如果習題不多，就有必要在家裡練習。「你自己想一下要怎麼安排學習！」我想如果突然對孩子這麼說，執行起來恐怕會有困難，這方面還請家長給予一些協助。

　　這時可以採用每天練習多少分鐘的模式事先決定好時間長短，並「持之以恆」，如此一來便能鞏固孩子的計算力。透過每天做固定分量、固定時間的練習，孩子將能夠扎扎實實地培養出計算力。

　　至於另一個原因「知識不足」，很多例子都是孩子沒有確實理解計算規則。計算有各式各樣的規則，這部分會在後面說明。比方說先乘除後加減，或是必須先計算括弧內的算式等等，如果沒有牢記這些基本規則，就無法正確解題。若是採用了錯誤的知識或方法，即便反覆練習也只是在浪費時間，而且會因為老是錯誤被打叉叉而失去自信心。

心算 ≠ 計算錯誤的原因
應該積極培養心算力

　　「不要只用心算，要好好寫出來計算！」經常會聽到大人在指導孩子時說出這句話。主要是基於「不要只在腦袋裡思考，確實用筆算才可減少錯誤」的想法，但真是如此嗎？
　　我認為「如果會心算，就應該多加運用心算」。為什麼呢？因為心算可以降低錯誤率。舉例來說，進行筆算時，步驟會是先抄下算式，然後一邊思考，一邊同時寫出計算過程。只要步驟一多，途中出錯的可能性難免會跟著提高。如果換成心算的話，只要在腦海裡做好計算再寫出答案就好，錯誤率其實會降低。「不是在心算過程中反而容易出錯

嗎？」大人總容易產生這樣的心態，但其實只要適應了心算，就能比筆算有更高的計算正確率。原因是心算不會發生視覺造成的「錯視」問題，而筆算錯誤的原因當中，即包含了抄寫過程中看錯、寫錯。

學過珠算的孩子之所以能夠正確心算，是因為他們會在腦海裡打算盤來計算。一樣的道理，心算也可以換成在腦海裡的筆算。不過，在那之前必須先具備基本計算力才行。如果一開始就動不動挑戰心算，風險會太高。

就這點來說，即使已經學會了心算，只要感覺到自己的心算力恐怕無法應付某計算時，就要好好拿筆出來算，以正確解題為優先。反過來說，如果明明是絕對可以心算的計算，卻仍然要求孩子特地用筆算的話，就要當心有可能會使得孩子失去幹勁。

心算時，具備一些計算知識會比較方便。這裡所指的計算知識，是指「11×11=121」等常見計算。除了這類「平方數計算」之外，本書也會介紹「3.14×1位數」、「2位數×1位數」、「常見小數的分數變換」等計算知識，請務必讓孩子記住這些知識來提升計算力。

應考生反而有可能
沒打好計算基礎

因爲快馬加鞭趕進度學習，
有時會疏忽了基礎

　　如果是爲了準備參加私中入學考試的孩子，經常會挑戰比小學所學內容更高難度的題目或內容。

　　本書也會舉出一些實際在私中入學考試出現過的題目，供家長參考。

　　不過，這裡也藏著陷阱。乍看之下，身爲應考生的孩子似乎比其他孩子更超前學習，但因爲是「快馬加鞭」趕進度學習，有時會有些地方沒有確實打好基礎。

　　小學階段學習的所有課程內容，都是照著學習指導要領在進行。不過，應考生如果照著這樣的進度學習，就會來不及應付私中入學考試。所以，原本在小學要花上好幾個月完

成學習的內容，應考生在補習班只上1～2次課便完成學習的
例子並不稀奇。

　　這麼一來，會發生什麼狀況呢？

　　如同我在前面所強調的，數學最重要的是「鞏固」計算
力和知識。然而，補習班有其課程安排，有時必須為了優先
進度而往下一個學習內容邁進。在沒有確實學好計算力和鞏
固知識之下，只有學習內容不斷往前跑的話，肯定會在某處
出現銜接落差。

應付升學考試的課程是以
「具備計算基礎」為前提而編排

　　應考生當中，有些學生雖然可以正確解出困難的題目，
但仔細一看，會發現做了不必要的計算，或用了很複雜迂迴
的方式做計算。這就是沒有鞏固好、培養好計算基礎和規
則，才會有的現象。

　　「管它用什麼方法，答案正確就好了，不是嗎？」有人

或許會這麼想吧。不過，若是做了多餘的計算或沒有按照正確步驟來計算的話，這樣不僅花時間，而且就算當下幸運的順利通過考試，未來還是有可能因為這個受挫點而大大受到拖累。

如果花太多時間解題，也會直接影響到入學考試。參加入學考試必須在一定的時間內解出一定的題數，花太多時間將會成為致命傷。

基本上，補習班所編排的私中入學考試課程，都是以學生已具備足夠的「計算基礎」為前提。學生應考時必須具備的是，計算基礎加上懂得用巧思來解題的能力。

應考生必須懂得思考該怎麼做才能順利求出答案，在看過整體算式後，找出能夠有效解題的巧思。不過，想要具備找出巧思的能力，前提還是必須奠定扎實的「計算基礎」。

正因為是應考生，才更有可能疏忽了基礎——建議家長有必要特別留意到這一點，記得協助確認孩子是否有學習受挫之處。

小一到小三建立的基礎，將大大影響未來的計算能力

在三年級之前，奠定計算基礎的好壞

我在前面提到過「數學的基礎奠定於計算」，那麼，「計算的基礎」奠定於什麼呢？

那就是小學一年級到三年級所學習的四則演練。到了高年級，接著升上國中、高中後，遇到的題目越來越艱深，有時就連大人看一眼也會忍不住說：「這題目看起來好難喔！」不過，題目再艱深，只要挖出根源，就會發現其基礎建立於小學一年級到三年級所學習的四則演練。

在奠定小學一年級到三年級的基礎時，普遍會遇到兩道難關。其中一道是一年級要學習的進位、退位。大人會覺得進位、退位的計算很簡單，但對一年級的孩子來說，當數字大於10時，十根手指頭就會不夠用，有些孩子會因此感到不知所措。與單純只要「拆解數字」的「數數」相比，進、退位的計算必須具備不同的計算能力。等到升上高年級、國中

後，必須頻繁地自由拆解或合併數字和算式，這方面的計算基礎就是建立在進、退位的能力上。

另一道難關是大家都知道的九九乘法，這是乘法的基礎。雖然九九乘法是1位數×1位數的計算，但進行2位數×1位數的計算時，也會運用到九九乘法。甚至可以說，如果少了九九乘法，就無法進行乘法計算。如果2位數×1位數的計算能夠練習的得心應手，對3位數÷2位數（四年級）的筆算也會有很大的幫助。

不擅長這類多位數除法計算的孩子，很多都是因為不會2位數×1位數的心算。其原因除了練習不足之外，有時可能是因為九九乘法和進、退位根本沒有打好基礎。也就是說，一、二年級的基礎將大大影響高年級之後的計算力。

以完全記住九九乘法為目標

以前，我曾經問過一位在國外長大的朋友，他在國小三年級時回到日本，因為突然進入日本的小學，被丟到「理所當然要會九九乘法」的環境之中，所以吃了不少苦頭。

當然了，這位朋友在國外時也學過九九乘法，但因為程

度跟不上日本的孩子而深感挫折。這位朋友在小學低年級時即被徹底洗腦，覺得自己「不擅長數學」，在那之後學習除法等計算時，也是苦不堪言。

　　這位朋友告訴我，他在小學時便已下定決心，告訴自己「未來只能選擇走文科」。

　　從這個例子，我們可以深刻體會到小學一年級到三年級的「計算力」真的非常重要。

很多孩子不擅長的「3位數 ÷2位數」計算題範例（刊載於本書 P70）：

　　　　求出下列各題的答案，並記下餘數。

　　　　(1) 18)749　　　　(2) 41)359

這些計算題都是在考驗小學三年級之前學習到的「進、退位」、「九九乘法」、「2位數 ×1位數」的計算力！

字太醜才會計算錯誤？
真有此事？

重點不在於字的美醜，
而是能不能寫得井然有序

　　很多父母在看見孩子寫的筆記時，總會嘮叨一句：「寫筆記要寫得更仔細、整齊一點才行！」當然了，筆記內容寫的一目瞭然十分重要，但請先試著不要把焦點放在字寫的「美或醜」、「端不端正」上面，而是注意下面這兩點：

● 字體大小是否一致？

● 字距、行距是否一致？

　　舉例來說，如果寫筆記時不在意字體的大小，就會難以區分那些是要計算的數字，或是進、退位的記號不清楚，最後導致計算錯誤。

　　如果沒有保持一定寬度的字距、行距，有可能在事後重新看筆記時，會找不到算錯的地方，也可能導致忘記標上小

數點或搞錯位數。

　　下一頁舉出了筆記的優良範例和不良範例，明顯可看出優良範例的字體大小一致，也寫得十分整齊。相反的，不良範例的寫法沒有一定的規則，筆算內容也東寫一塊、西寫一塊。這樣的筆記在重新回頭看時，根本不知道自己當初如何解題。

　　字寫得好不好看會因人而異，這部分不需要太在意，但記得提醒自己「必須有一定的仔細度」。舉例來說，如果數字0和6寫得太潦草，經常會發生因為分辨不出是0或6而計算錯誤的狀況。寫數字時，「做好停筆動作」十分重要。寫數字不同於寫國字，不需要「撇」的動作，只要好好留意應該在哪裡停筆，就不會發生事後不知道自己寫的數字是0或6的狀況。

○ 優良筆記的寫法

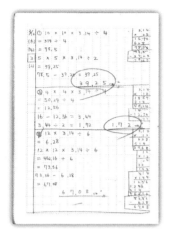
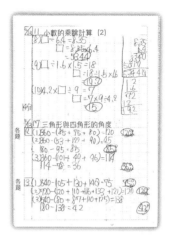

數字寫得井然有序，這樣的寫法在重新回看時，就能清楚知道自己當初是
按照什麼樣的步驟進行計算。

✕ 不良筆記的寫法

字體大小和間隔皆不一致，計算內容也東寫一塊、西寫一塊，事後自己回
看也會搞不清楚當初是如何解題。

計算速度比較重要？
還是正確度才重要？

同時養成速度和正確度

「孩子解題的速度很快，但錯誤連連。」「孩子計算錯誤很少，但解題速度很慢。」

很多家長都有這方面的煩惱。

經常有人問我：「計算的速度比較重要？還是正確度更重要？」答案是兩者都重要。

正確解題的重要性自不在話下，但入學考試或小考勢必都有時間限制。如果時間可以無限延長，只重視正確度當然不會有問題，但如何在有限的時間內完成所有題目，也是重要的課題。

速度和正確度都必須靠每天的練習來培養。計算速度快的孩子，如果只是告訴他必須計算的更正確才行，並無法提升正確度。孩子為了能細心解題，速度就會慢下來。以孩子來說，試圖改善一方就會無法發揮另一方優點是常有的現

象。所以，必須在可以讓孩子持續發揮優點之下，慢慢予以修正。當然了，想要同時養成速度和正確度，說來容易，做起來難，父母必須把眼光放遠，耐心的陪伴孩子學習。

觀察孩子的筆記和計算時的狀況，
就能看出孩子受挫的原因

　　首先，拿孩子的筆記來看一下吧！有時看了筆記後，就會發現孩子常常計算錯誤，或計算速度太慢的原因。

　　前面我也提到過，筆記凌亂的孩子會有「速度雖快，但容易出錯」的傾向。這時候就需要教孩子如何「寫」筆記！

　　「寫算式時，盡量保持在同一行，不要上下飄移。」「筆算時一定要在右邊畫一條線分隔開來。」家長可以協助孩子養成做計算的固定樣式，讓孩子慢慢練習寫筆記。

　　一開始孩子或許會嫌麻煩，但只要適應了，孩子就會懂得如何運用筆記。家長不要只對孩子說「寫仔細一點」或「寫慢一點」之類的話，能夠確實按規則運用筆記空間，就可以了！

先讓孩子養成習慣為目標，即便出錯的狀況沒有立刻減少，也請稍安勿躁。當孩子寫的筆記或答案變得比以前清楚，光是如此就是很大的進步。這時請好好稱讚孩子，表現的誇張一點也沒關係，接下來就會慢慢看見成果。

　　至於計算正確，但速度慢的孩子，哪怕字寫得潦草一些也沒關係，讓孩子提醒自己加快書寫的速度。舉例來說，在家也可以試著限制時間，一次多算一題就好了。先不要拉高題目的難度，讓孩子每天有一段單純專注於計算的時間。

　　孩子計算錯誤時，如果問他：「這一題你哪裡算錯了？」經常會得到這樣的回答：「我知道怎麼算，但就是算到一半的時候會錯意了⋯⋯」孩子的回答聽起來像是恰巧算錯，但以計算錯誤來說，必然的錯誤絕對大於偶然。

　　除了字跡潦草和書寫速度太慢之外，不熟悉計算規則、計算知識或心算力不足等原因也會造成計算錯誤，或是花太多時間解題。只要多觀察孩子計算時的狀況，就能找到問題的原因。

一目瞭然的筆記範例

寫出日期　　「＝」的位置一致　　　　　　　　保留筆算的空間

寫出標題

保持在同一行

寫出題目編號

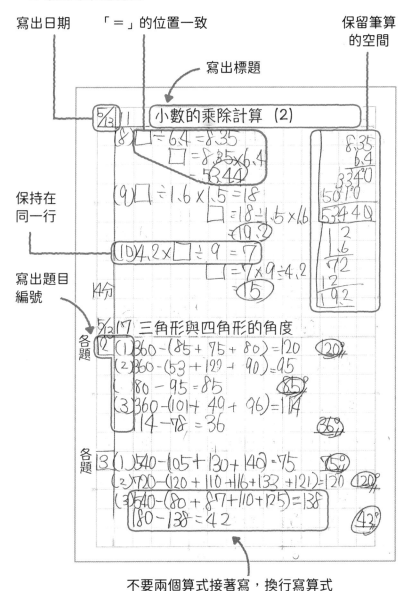

不要兩個算式接著寫，換行寫算式

怎麼做才能防止
抄錯或漏寫？

所需資訊都要寫在筆記上，
盡量避免使用橡皮擦

　　最初會造成計算錯誤的原因在於「抄錯」或「漏寫」。
如果一開始就抄錯了資訊，等於當下已經被判出局。這時就
算再怎麼細心解題，也不可能算出正確答案。

　　雖然很難做到完全不會有這類的錯誤，但只要用心留
意，就能減少計算錯誤。

　　如同前面舉出的「一目瞭然的筆記範例」，藉由把「日
期、標題、題目編號」等項目視為必寫內容，不僅能夠「讓
筆記變得有條有理」，同時也能夠「調整心態來面對解
題」。另外，不要把多個算式寫在同一行上，換行寫算式的
寫法也能減少抄錯或漏寫的狀況。比起左右移動，視線上下
移動時的距離較短，所以比較不容易出錯。

　　我經營的補習班習慣把筆記本分成兩種來區分使用，一種是用來解題的「練習筆記本」，另一種是用來抄寫上課內容的筆記。原則上，使用「練習筆記本」時，我們會規定不能使用橡皮擦。抄錯時就畫線或打叉，然後繼續寫。解題時，避免停頓下來，保持專注直到解出答案的過程很重要。希望大家能養成不去在意抄錯的地方，保持專注到最後的習慣，才不會發生拿橡皮擦擦到一半時，忽然忘記剛才算到哪個步驟的狀況。練習計算的筆記不是要寫給別人欣賞，反而應該把重點放在如何避免孩子動不動就停下來思考，才會有助於減少抄錯等烏龍錯誤。

　　計算時如果不使用橡皮擦，很快就會占滿筆記本的空間。有時會看到孩子利用傳單背面等空白處來計算，但我不建議這麼做。不使用橡皮擦的理由當中，也包含了留下錯誤的紀錄。因為不論對孩子自身也好，對我們身為教師的人也好，這些紀錄是掌握錯在哪裡的重要資訊。更何況，廣告紙不會有橫線或方格，這對培養孩子留意字距、行距或保留空間的意識都不會有所幫助。不浪費紙張固然重要，但除了珍惜資源這點之外，就學習面來說，並無益處。請務必站在為孩子未來投資的觀點，讓孩子盡情使用筆記本。

花丸風格的習題練習法

不要一鼓作氣的寫完習題，
透過每天持續練習才能鞏固計算力

發現暑假快結束才一鼓作氣的把習題趕著寫完，應該不少人都有過這樣的經驗吧！

完成習題一旦變成了目的，寫習題本身就會成為不花心思的單純趕作業，也無法鞏固計算力。為了鞏固計算力而出很多習題給孩子練習，結果卻變成無法鞏固計算力的反效果。偶爾會看見有孩子在自修室寫學校的習題，但孩子一心只想趕快完成，故意寫大大的字來填滿筆記空間，或偷懶不寫算式、只寫答案，那光景讓人看了都會忍不住心想：「到底為什麼要寫習題？」

對於補習班的習題，我們會告訴孩子不要等到上課前一天，才一次寫完整個星期的習題。我經營的補習班會發給孩子一本「自學筆記本」，要求孩子記錄在家中學習的時間，目的是為了讓孩子能夠有計畫性的學習。「星期二寫計算習

題〇〇分鐘、星期四寫自然社會習題〇〇分鐘」，我們會要求孩子在筆記本裡記下花費在習題上的時間，也會要求記錄結果。

這麼做有兩個重點：

● 決定好要花多少時間寫習題。
● 在決定好的時間內專注練習。

尤其在寫計算習題時，更是要特別留意。讓孩子培養計算力時，並非只是一味地增加練習量就好。的確，多做練習總比練習太少來得好。不過，問題就在於做法。

一星期練習70題，分成每天練習10題的做法，好過一天之內便一口氣完成70題。原因就如前面所說，計算時必須兼顧到速度以及正確度。一次寫完一長串的70道習題，並沒有太大的意義。這樣不僅速度會變慢，還會因為無法保持專注而影響到正確性。的確，習題是順利完成了沒錯，但從中得到的收穫卻少之又少。相較之下，如果事先決定好每天練習10題，並設定時間限制，就能在意識到速度和正確性之下計算。務實的說，國中入學考試、高中入學考試頂多只會出2、3題計算題。另外，文章或圖表形式的題目也會運用到計算，但不需要具備可連續解完70題的能力。

低年級的計算練習做法

　　建議趁著孩子在小學低年級時，規定每天練習3分鐘。讓孩子在規定的時間內，百分之百的發揮專注力於解題。重要的是，每天都要反覆進行。另外，也建議不要準備難度越來越高的練習本，而是採用可以反覆做類似計算的練習本。讓孩子練習到不論計算多少遍也不會算錯的程度，以確實養成計算力。

　　至於速度，只要在這樣的練習之中慢慢提升就好。一開始就算孩子沒有在3分鐘之內完成也沒關係，不用要求孩子一定要寫完所有題目，只需要對孩子說：「今天完成了○○題呢！」到了隔天，再告訴孩子以「比昨天完成更多題目」為目標。孩子的目標不會是其他孩子，而是昨天的自己。在這樣的狀態下做練習，能夠讓每個孩子都依適合自己的速度感來提升能力。

　　記得，千萬不要看見孩子在3分鐘內就寫完所有題目，便要求孩子繼續練習後面的題目。「你這麼快就寫完了啊？我還買了其他評量，要不要試試看呢？」相信我，這樣的貼心想法對孩子來說是行不通的。

第 **2** 章

整數計算

01 1位數的 加法和減法

一年級

利用實際存在的物品，來培養孩子對加法和減法的概念。
這麼做還能讓孩子學習怎麼數物品，非常有幫助喔！

▶ 題目

求出下列各題的答案。

（1）①有5張紅色色紙、4張藍色色紙。兩種色紙加起來共有幾張？

　　　②本來有3隻青蛙，後來又來了4隻，現在一共有多少隻青蛙？

（2）①原本有8個小朋友在一起玩耍，其中4個小朋友
　　　回家後，還剩下幾個小朋友？

　　　②有9隻狗和6隻貓，狗比貓多了幾隻？

正確答案

（1）① 算式　$5 + 4 = 9$　　　答案　9 張

　　② 算式　$3 + 4 = 7$　　　答案　7 隻

（2）① 算式　$8 - 4 = 4$　　　答案　4 人

　　② 算式　$9 - 6 = 3$　　　答案　3 隻

🌸 花丸式教學的重點

相加→加法
增加→加法
減少→減法
相差→減法

 讓孩子理解加法、減法的 含意

進步的訣竅

發出聲音來數數,從生活中讓物品和數字連結。

〈善用物品〉

· 利用兩顆骰子玩「雙陸」(註1)。
· 利用圍棋、黑白棋、撲克牌等遊戲來接觸數字。
· 利用盤子、杯子、水果或點心等家中會有的物品。

〈益智遊戲〉

數字迷宮
起點

1	2	3	4
2	4	4	6
3	5	5	6

終點

照數字順序前進。

數字的家

1	3	2
2	1	3
3	2	1

在橫向和縱向方格
裡填入數字1~3。

數字方塊

3	3	
		2
		1

圈起與數字相同的
格數

(註1:一種二人桌上遊戲,玩家擲骰子後,照骰子的點數在棋
盤間移動。)

02 進位

一年級

進位的重點在於會不會拆解數字來思考。
訓練孩子可以立刻想出「相加等於10」的兩個數字！

▶ 題目

（1）求出下題的答案。

6＋9

（2）本來有5塊甜甜圈，後來多了8塊，現在一共有多少塊甜甜圈？

正確答案

利用畫櫻桃（註2）的方式計算看看！

（1）
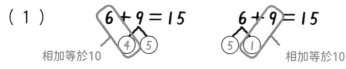

$$6＋9＝15$$ 相加等於10 ④ ⑤
$$6＋9＝15$$ ⑤ ① 相加等於10

（2）
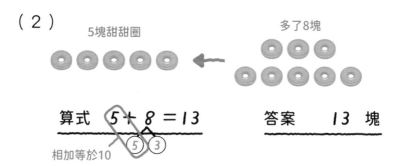

5塊甜甜圈　　　多了8塊

算式 $5＋8＝13$　　　答案　13　塊

⑤ ③ 相加等於10

（註2：櫻桃計算是將數字拆分的計算方式，因為拆分畫法很像櫻
桃，所以有這種稱呼。）

🌸 花丸式教學的重點

· 1位數的拆解
（可用「櫻桃計算」練習）

· 相加等於10的數字

確實學會這兩點後，
進位計算就會變得簡單！

$$1 + 9 = 10$$
$$2 + 8 = 10$$
$$3 + 7 = 10$$
$$4 + 6 = 10$$
$$5 + 5 = 10$$

$$6 + 4 = 10$$
$$7 + 3 = 10$$
$$8 + 2 = 10$$
$$9 + 1 = 10$$

訓練孩子能夠立刻想出 「相加等於10」 的數字！

進步的訣竅

利用撲克牌練習看看！

① 事先抽掉畫有人像的紙牌
（J、Q、K、鬼牌）。

② 找到相加等於 10 的紙牌，
就可以拿走，然後繼續找。

③ 最後手上紙牌最多的人
就是贏家。

03 退位

一年級

退位的計算和進位一樣，重點在於數字的拆解。

運用「減加法」或「減減法」當中覺得好用的方法來計算吧！

▶ 題目

（1）求出下題的答案。

$$15 - 7$$

（2）本來有12個點心，吃了5個後會剩下幾個？

正確答案

不論哪種算法，重點都在於能否立刻想出「相加等於10」的數字。

（1）

$$15 - 7 = 8$$

進行減法計算

⑤ ⑩

5 + 3

減加法：

把15（被減數）分成10和5。

$$10 - 7 = 3$$（減：減法）

$$5 + 3 = 8$$（加：加法）

$$15 - 7 = 8$$

進行減法計算

⑤ ②

10 - 2

減減法：

把7（減數）分成5和2。

$$15 - 5 = 10$$（減：減法）

$$10 - 2 = 8$$（減：減法）

（2）

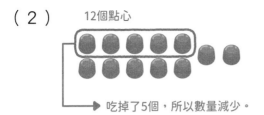

12個點心

吃掉了5個，所以數量減少。

算式 12－5＝7　　　答案　7　塊

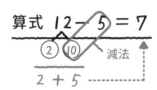

② ⑩　　減法

2＋5

花丸式教學的重點

・ 利用減加法或減減法都可以，挑自己覺得容易計算的
方法來計算吧！

・ 進、退位只有72種計算，利用卡片或單字卡反覆練習
直到練得滾瓜爛熟！

・ 減法計算只要能做到「驗算」的動作，就可以減少計
算錯誤！

例　　　12－5＝7　　　　　　答案（7）加上減數（5）後，
　　　　　　　　　　　　◀　如果等於原本的數（12），
驗算　　7＋5＝12　　　　　就表示正確！

04 加法和減法（筆算）

二年級

一開始要先牢記筆算的順序！

▶ 題目

求出下列各題的答案。

（1）　　　 4 7
　　　　 ＋1 6 5

（2）　　 2 3 4
　　　　 －　 4 9

正確答案

　如果不照規則，而是用自己的方法計算，容易會不小心計算錯喔！

（1）

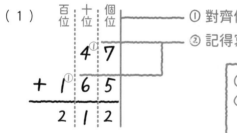

① 對齊個位、十位、百位數。

② 記得寫上「進位」。

① 對齊位數。
② 記得寫「進位」的記號。

容易出錯的地方

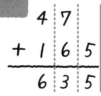

如果沒有對齊個位數，整體位置都會跑掉。

（2）

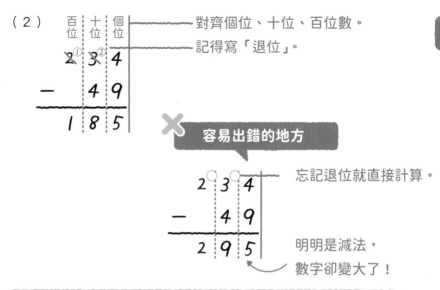

對齊個位、十位、百位數。

記得寫「退位」。

容易出錯的地方

忘記退位就直接計算。

明明是減法，
數字卻變大了！

花丸式教學的重點

- 爲了對齊位數，寫算式時也要注意順序！

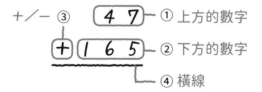

$+/-$ ③

④ 橫線

① 上方的數字

② 下方的數字

- 如果是加法計算，把比較大的數字寫在上方會更容易計算。

上下數字
對換位置。

不過，要注意減法計算時
不能上下對換喔！

05 加法和減法（心算）

二年級

心算的基礎是拆解數字計算。
只要熟練了，自然就能在腦中計算！

▶題目

求出下列各題的答案。

（1）　47＋38　　　　（2）　97－19

（3）　28＋35＋22　　（4）　87－15－17

正確答案

熟悉拆解數字做心算的方法！

（1）

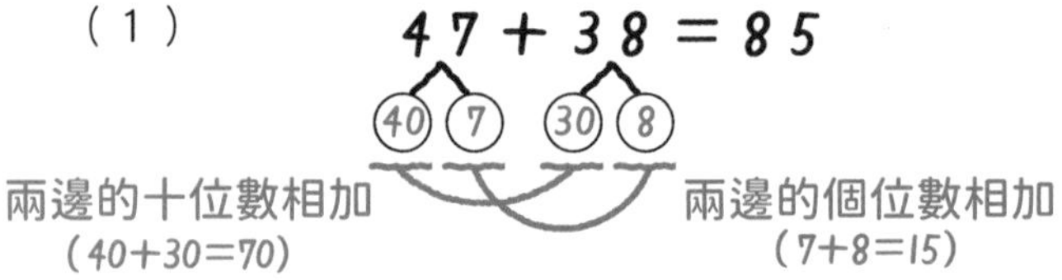
47＋38＝85
40
7
30
8
兩邊的十位數相加
（40＋30＝70）
兩邊的個位數相加
（7＋8＝15）

（2）

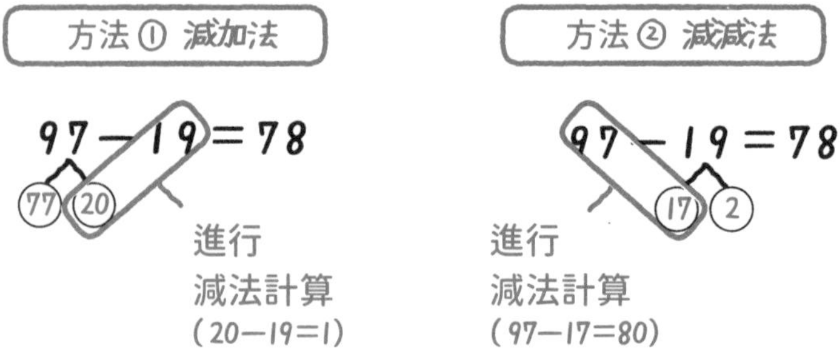
方法① 減加法
97－19＝78
77
20
進行
減法計算
（20－19＝1）
方法② 減減法
97－19＝78
17
2
進行
減法計算
（97－17＝80）

花丸式教學的重點

（1） 把47拆解成40和7、38拆解成30和8。

$40 + 30 = 70$ ←兩邊的十位數相加。

$7 + 8 = 15$ ←兩邊的個位數相加。

$70 + 15 = 85$ ←十位數的合計和個位數的合計相加。

（2） 方法① 減加法

把97拆解成77和20。

① $20 - 19 = 1$ ←拿20來減掉19。

② $77 + 1 = 78$ ←剩下的77加上①的答案。

方法② 減減法

把19拆解成17和2。

① $97 - 17 = 80$ ←97先減掉17。

② $80 - 2 = 78$ ←①的答案減去剩下的2。

不要忘記做「驗算」！

$\underline{78} + 19 = 97$ 把 答案 加上減數，

答案 確認答案是否計算正確。

正確答案

試著對換數字，讓計算變得容易。

（3）　$28 + 35 + 22$ ┄┄ 對換

$$= 28 + 22 + 35$$
$$= 50 + 35$$
$$= 85$$

└─ 對齊＝的位置

（4）　$87 - 15 - 17$ ┄┄ 對換

$$= 87 - 17 - 15$$
$$= 70 - 15$$
$$= 55$$

※ 被減數（87）
不能對換喔！

└─ 對齊＝的位置

花丸式教學的重點

加法時的做法
找出「相加等於10」
的個位數。

減法時的做法
找出相同的
個位數。

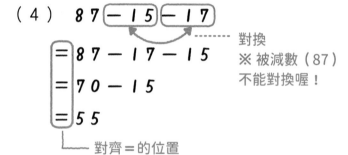

$$28 + 35 + 22$$

$$87 - 15 - 17$$

對換一下數字，計算就會變得簡單！

06 九九乘法

二年級

背九九乘法時，「背得正確」比「速度快」更重要。遇到比較難背的倍數時，慢慢來也沒關係，重點是每個都要能夠正確背出來。

▶ 題目

求出下列各題的答案。

（1）3×7　　　　（2）4×7

正確答案

正確記住九九乘法，不要背錯了數字！

（1）$3 \times 7 = 21$　　　　（2）$4 \times 7 = 28$

代表有7組3，
畫出來會像這樣。

花丸式教學的重點

重要的不是速度，而是……
能夠百分之百**背出正確的九九乘法**。

- 比較容易錯誤或比較難背的地方，可以背慢一點。
- 可以快速背出來的地方，就背快一點。

特別容易背錯的倍數：

$3 \times 7 = 21$　　　$4 \times 8 = 32$　　　$6 \times 8 = 48$
$4 \times 7 = 28$　　　$6 \times 7 = 42$

就像為了抵達目的地會轉搭快車和慢車一樣，背九九乘法也要懂得調整速度。

· 留意孩子容易出錯的地方。

· 可用順著排列、 相反排列、 打亂排列等不同模式**背熟九九乘法。**

$\downarrow$	$\downarrow$	$\downarrow$
$1 \times 1 = 1$	$9 \times 9 = 81$	$7 \times 8 = 56$
$1 \times 2 = 2$	$9 \times 8 = 72$	$4 \times 3 = 12$
$\vdots$	$\vdots$	$6 \times 8 = 48$
$9 \times 8 = 72$	$1 \times 2 = 2$	$3 \times 7 = 21$
$9 \times 9 = 81$	$1 \times 1 = 1$	$\vdots$

· 想想看九九乘法當中有哪幾個算式的答案相同？

舉例：

　　答案是「24」的九九乘法算式有幾個？

$$\downarrow$$

3×8、4×6、6×4、8×3　→　4個

· 練習九九乘法時不要只靠「聽覺」來背，要一邊看著算式（數字），
　一邊發出聲音。

07

三年級

2位數 ×1位數的計算

進行2位數×1位數的計算時，如果能夠在腦海裡像拿筆算一樣，
以心算算出答案，那就太棒了！心算時記得要隨時留意進位。

▶題目

求出下列各題的答案。

（1）12×2 　　　　　（2）23×3 　　　　　（3）27×3

（4）28×7 　　　　　（5）69×6

正確答案

在腦海裡心算看看！

（1）$12\times 2=24$

$$\begin{array}{r} 1\,2 \\ \times\quad 2 \\ \hline 2\,4 \end{array}$$

（2）$23\times 3=69$

$$\begin{array}{r} 2\,3 \\ \times\quad 3 \\ \hline 6\,9 \end{array}$$

（3）$27\times 3=81$

$$\begin{array}{r} 2\,7 \\ \times\quad 3 \\ \hline 8\,②1 \end{array}$$

（4）$28\times 7=196$

$$\begin{array}{r} 2\,8 \\ \times\quad 7 \\ \hline 1\,9\,⑤6 \end{array}$$

（5）$69\times 6=414$

$$\begin{array}{r} 6\,9 \\ \times\quad 6 \\ \hline 4\,1\,⑤4 \end{array}$$

筆算的模式
↓
延伸到心算

花丸式教學的重點

• 把進位的數字暫時記在腦海裡。

以想像的方式在腦中筆算時，「進位」的數字很重要。只要能夠確實做到隨時提醒自己記住進位的數字，就能夠正確心算。

```
    2 7
  ×   3
    8②1
```

只要能記住這個數字，心算就會變簡單。

• 81題推薦練習的2位數 ×1位數計算。

下列有81題2位數 ×1位數的乘法計算。如果能利用卡片多做練習，練習到一看見算式就能迅速心算出答案的話，對3位數 ÷2位數的除法（筆算）等計算會有很大的幫助喔！

11× 1	12× 2	13× 3	14× 4	15× 5	16× 6	17× 7	18× 8	19× 9
21× 3	22× 4	23× 5	24× 6	25× 7	26× 8	27× 9	28× 1	29× 2
31× 6	32× 7	33× 8	34× 9	35× 1	36× 2	37× 3	38× 4	39× 5
41× 7	42× 8	43× 9	44× 1	45× 2	46× 3	47× 4	48× 5	49× 6
51× 9	52× 1	53× 2	54× 3	55× 4	56× 5	57× 6	58× 7	59× 8
61× 4	62× 5	63× 6	64× 7	65× 8	66× 9	67× 1	68× 2	69× 3
71× 5	72× 6	73× 7	74× 8	75× 9	76× 1	77× 2	78× 3	79× 4
81× 8	82× 9	83× 1	84× 2	85× 3	86× 4	87× 5	88× 6	89× 7
91× 2	92× 3	93× 4	94× 5	95× 6	96× 7	97× 8	98× 9	99× 1

※ 多做練習，直到可以把81題的答案都背起來！

08 乘法（心算）

三年級

做乘法的心算時，如果懂得運用對換數字等巧思，就能大幅減少計算錯誤。讓自己養成隨時用巧思的習慣吧！

▶ 題目

以心算求出下列各題的答案。

（1）18×15

（2）$16 \times 7 \times 5$

（3）$25 \times 9 \times 4$

正確答案

想看看怎麼做能夠輕易算出答案來！

（1）
$$一半 \begin{bmatrix} 18 \times 15 \\ 9 \times 30 \end{bmatrix} 兩倍$$

$$= 9 \times 30$$

$$= 270$$

比起 18×15，9×30 可以更輕鬆的算出答案！

（2）　$16 \times \underline{7} \times \underline{5}$　對換

　　$= 16 \times 5 \times 7$

　　$= 80 \times 7$

　　$= 560$

（3）　$25 \times \underline{9} \times \underline{4}$　對換

　　$= 25 \times 4 \times 9$

　　$= 100 \times 9$

　　$= 900$

花丸式教學的重點

計算時運用巧思，就能減少計算錯誤。

（1）運用「兩倍和一半」的巧思

進行乘法計算時，把其中一方的數字變成兩倍，另一方的數字變成一半來計算，也能算出相同答案。

一半　18×15　兩倍　◀── 可求出
$=$　9×30　　　　　　相同答案。

（2）（3） 對換數字

進行乘法計算時，把數字對換也能算出相同答案。

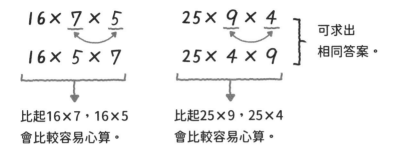

比起16×7，16×5 會比較容易心算。	比起25×9，25×4 會比較容易心算。

> **背起來會很好用的算式和答案**
>
> $25 \times 2 = 50$　　$25 \times 4 = 100$　　$125 \times 8 = 1000$

如果發現對換數字後會變成上列算式時，
就可對換讓計算更容易！

09 多位數的乘法

三、四年級

進行多位數的乘法計算時，筆算的步驟比較多，所以一開始先從細心計算做起。等到慢慢適應後，自然就能順暢解題。

▶ 題目

求出下列各題的答案。

（1）　　27
　　　×36

（2）　　348
　　　×104

（3）180×2500

正確答案

記得按照規則，以正確的順序計算。

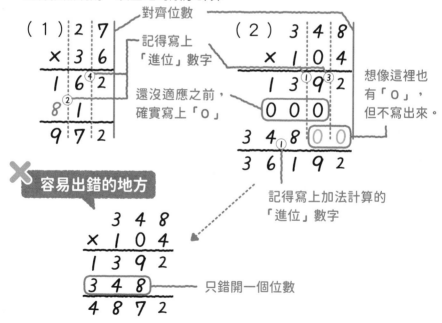

（1）27
　×36
　16②4②
　8②1
　9 7 2

對齊位數

記得寫上「進位」數字

還沒適應之前，確實寫上「0」

（2）348
　×104
　1 3①9③2
　0 0 0
3 4 8①
3 6 1 9 2

想像這裡也有「0」，但不寫出來。

記得寫上加法計算的「進位」數字

✖ 容易出錯的地方

　348
×104
　1392
　348
　4872

只錯開一個位數

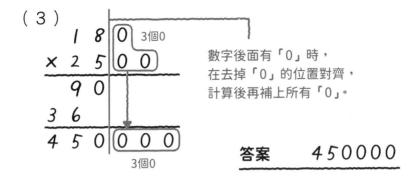

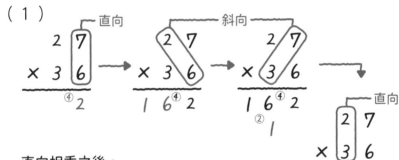

（3）

數字後面有「0」時，
在去掉「0」的位置對齊，
計算後再補上所有「0」。

答案　　450000

花丸式教學的重點

照正確的步驟，帶節奏感地解題！

（1）

- 直向相乘之後，
  還要記得斜向相乘。
- 確實寫上「進位」的數字。

※ 直向和斜向相乘時，可以
　「以下乘上」或「以上乘下」
　一般來說像這裡的「以下乘上」
　較常使用。

相加

10 除法（基礎）

三、四年級

只要學會迅速心算2位數÷1位數，進行除法筆算時會變得輕鬆，
計算錯誤也會減少喔！

▶題目

求出下列各題的答案。

（1）$84 \div 4$　　　　　　　（2）$8 \overline{)448}$

正確答案

學習確實區分運用心算和筆算。

（1）$84 \div 4 = 21$

個位數　$4 \div 4 = 1$

十位數　$80 \div 4 = 20$

▶ 分開計算十位數和個位數。

十位數 → $80 \div 4 = 20$

個位數 → $4 \div 4 = 1$

$20 + 1 = 21$

答案　　21

（2）

```
      5 6
  8 ) 4 4 8
      4 0
      ─────
        4 8
        4 8
      ─────
          0
```

答案　　56

🌸 花丸式教學的重點

學會運用心算來計算2位數 ÷1位數！

（1） 想要學會心算2位數 ÷1位數，
　　　必須先把九九乘法背得滾瓜爛熟！

進行筆算時，節奏感很重要。讓自己集中精神來解題！

（2） 除法的筆算一直在反覆「估、乘、減、下」的動作。

┌─────────────┐
│ 除法的筆算順序 │
└─────────────┘

① **估**算商（除法的答案）

多做練習讓自己熟練到
能夠回想九九乘法，就
立刻估算出大概是多少！

② **乘**以估算出來的數字。

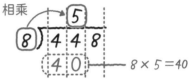

相乘 → $8 \times 5 = 40$

③ **減**去乘出來的數字

```
      5
  8)4 4 8
相減(4 0)
   ─────
   (4)
```

④ 數字往**下**移

```
      5
  8)4 4 8
    4 0  ↓下移
   ─────
     4 8
```

⑤ 反覆①～④的動作

```
      5 6
  8)4 4 8
    4 0
   ─────
     4 8
     4 8
   ─────
       0
```

11 除法（餘數）

三、四年級

進行除法計算，有時會有「餘數」。
不僅要確認求出來的商數正不正確，也要記得確認餘數正不正確。

▶ 題目

求出下列各題的答案，並記下餘數。

（1）$49 \div 8$　　　　　　　　（2）$700 \overline{)45300}$

正確答案

確實確認求出來的商數和餘數正不正確。

（1）$\underline{49} \div \underline{8} = \underline{6}$ 餘 $\underline{1}$

　　被除數　除數　　商數　　餘數

✖ 容易出錯的地方

$$49 \div 8 = 5 \quad 餘 \quad 9$$

不符合除數必須大於餘數的計算規則

（2）

```
          千 百 十 一
              6 4
  7 0 0 ) 4 5 3 0 0
          4 2
          3 3
          2 8
            5 0 0
```

兩邊都有「0」時，可以刪除相同數量的「0」來計算。

計算完成後，把刪除掉的兩個「0」補到餘數去。

答案　64 餘 500

花丸式教學的重點

除法的驗算方法：

商數 × 除數＋餘數＝被除數

記得一定要確認餘數是不是小於除數！

（1）49 ÷ 8 ＝ 5 餘 9

驗算

$5 \times 8 + 9 = 49$

驗算「看起來」沒有錯，但因爲除數（8）＜餘數（9），不符合除數＞餘數的計算規則，所以計算錯誤。

12 除法（尾數為0時）

四年級

進行除法的筆算時，很多時候會因爲忘了補上尾數的0而計算錯誤。
尤其是商數，更要注意有沒有忘了補「0」的動作！

▶ 題目

求出下列各題的答案，並記下餘數。

$$(1)\ 6\overline{)125}\qquad (2)\ 4\overline{)816}\qquad (3)\ 3\overline{)603}$$

正確答案

記得要確認有沒有忘記補上商數的尾數「0」！

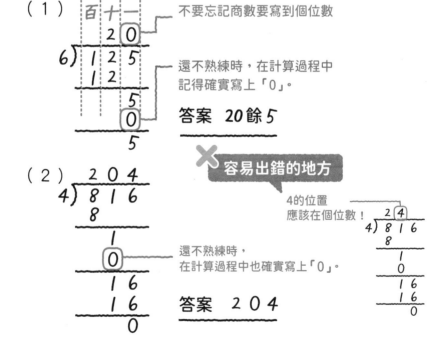

（1）
不要忘記商數要寫到個位數

還不熟練時，在計算過程中記得確實寫上「0」。

答案　20餘5

✖ 容易出錯的地方

（2）
還不熟練時，在計算過程中也確實寫上「0」。

答案　204

4的位置應該在個位數！

（3）

```
    2 0 1
3 ) 6 0 3
    6
    0
    0
    3
    3
    0
```

還不熟練時，
在計算過程中也要確實寫上「0」。

答案 2 0 1

🌸 花丸式教學的重點

練習到有信心不會算錯時，就可以省略「0」的計算！

還不熟練時，寫上「0」來計算會比較保險，但等到有信心
不會算錯時，就可以省略。到時候不但能算得快，也比較不
會算錯！

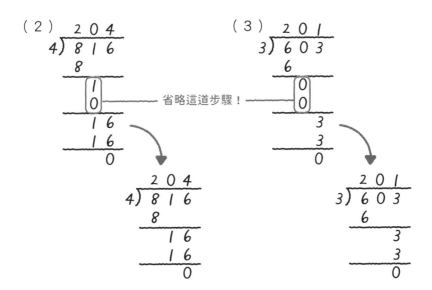

13 除法（3位數÷2位數）

四年級

我最不會算3位數÷2位數了！
如果你有這樣的煩惱，請先練習計算2位數×1位數到熟練爲止！

▶ 問題

求出下列各題的答案，並記下餘數。

（1） 18)749　　　（2） 41)359

正確答案

重點在於估商數時能不能算得正確。

（1）

```
          4 1 ── 商數
   1 8) 7 4 9
        7 2
        ─────
          2 9
          1 8
        ─────
          1 1 ── 餘數
```

答案 41 餘 11

❌ 容易出錯的地方

```
        3 9 2
   1 8) 7 4 9
        5 4
      ─────
      2 0 9
      1 6 2
      ─────
        4 7
        3 6
      ─────
        1 1
```

一開始就認定是3，
不以4來計算

沒有察覺到數字比
還要大

（2）

```
            8 ── 商數
   4 1) 3 5 9
        3 2 8
      ─────
          3 1 ── 餘數
```

答案 8 餘 31

❌ 容易出錯的地方

```
            9
   4 1) 3 5 9
        3 6 9
      ─────
          1 0
```

反過來拿下排的數字
去減上排的數字

🌸 花丸式教學的重點

學會可以心算2位數 ×1位數！

進行3位數÷2位數的除法筆算時，只要學會心算「2位數 ×1位數」，就能快速計算！

（1）

$$18\overline{)749}$$ 商 4 1

```
         4 1
  1 8 ) 7 4 9
        7 2
        2 9
        1 8
        1 1
```

> 如果能快速心算出 18×3、18×4、18×5， 就會立刻知道商數是4 ！

不要忘記「驗算」！

除法的答案正不正確，可以利用下面這個算式來驗算：

商×除數＋餘數＝被除數

$41 \times 18 + 11 = 749 \cdots\cdots OK$

除數 ＞ 餘數 $\cdots\cdots OK$

　18　＞　11

（2）

```
          9
  4 1 ) 3 5 9
        3 6 9
        1 0
```

> 奇怪？算錯了嗎？
> 會像這樣發現錯誤。

驗算

$9 \times 41 + 10 = 379$

第 **3** 章

小數計算

14 小數的加法和減法
三年級 （基礎）

基本上，小數的加法、減法與整數的計算方法相同。
重點在於「對齊小數點」！

▶ 問題

求出下列各題的答案。

（1）1.4＋2.7　　　　　（2）7.2－3.2

正確答案

對齊小數點再進行計算後，直接把小數點的位置往下移。
如果小數點以下的尾數是0，記得把0刪除！

（1）

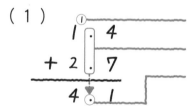

　　　　　記得寫上「進位」的數字。

　　　　　對齊小數點的位置。

　　　　　小數點直接往下移。

答案　　4.1

（2）

```
    7 . 2
 -  3 . 2
─────────
    4 . 0
```

　　　　　對齊小數點的位置。

　　　　　小數點直接往下移。

　　　　　小數點以下的尾數如果是「0」就刪除。

答案　　4

花丸式教學的重點

雖然小數點的基本計算方法與整數相同，

但記得要**確實對齊小數點的位置**！

正確計算順序：

（1）寫上「進位」的數字

$$
\begin{array}{r}
1.4 \\
+\ 2.7 \\
\hline
1
\end{array}
\quad\blacktriangleright\quad
\begin{array}{r}
1.4 \\
+\ 2.7 \\
\hline
4\ 1
\end{array}
\quad\blacktriangleright\quad
\begin{array}{r}
1.4 \\
+\ 2.7 \\
\hline
4.1
\end{array}
$$

小數點直接往下移

注意不要忘記刪除或加上「0」！

什麼時候要刪除「0」？ ➡ 小數點以下的尾數是「0」的時候。

（2）
$$
\begin{array}{r}
7.2 \\
-\ 3.2 \\
\hline
4.0
\end{array}
$$
刪除

例
$$
1.40 = 1.4 \\
3.0 = 3
$$

什麼時候要加上「0」？ ➡ 個位數（小數點的左邊數字）是「0」的時候。

例
$$
\begin{array}{r}
{}^{0}\!\!\not{1}.5 \\
-\ 0.7 \\
\hline
0.8
\end{array}
$$
小數點直接往下移。

15−7＝8的計算正確，但因為要加上小數點，所以答案會是0.8！

不要忘記補「0」！

15 小數的加法和減法（看不見的0）

四年級

對齊小數點，並留意小數點以下看不見的「0」來進行計算。

▶ 題目

求出下列各題的答案。

（1）2.8＋1.25　　　　　　（2）6－0.08

正確答案

對齊小數點後，有時小數點以下會有看不見的「0」。

（1）

```
   2.8  ○── 這裡有看不見的「0」
 + 1.25
 ───────
   4.05   對齊小數點後
          往下移
```

答案　4.05

✖ 容易出錯的地方

```
   2.8
 + 1.25
 ───────
   4.05
```

不是尾數的「0」，
卻把它刪掉了

答案　4.5

（2）

記得寫上「退位」的數字

這裡有看不見的「0」

$$\begin{array}{r} \,. \\ -\ 0\,.\,0\ 8 \\ \hline 5\,.\,9\ 2 \end{array}$$

對齊小數點後
往下移

答案　5.92

🌸 花丸式教學的重點

整數計算要對齊尾數！

小數計算要對齊小數點！

小數計算

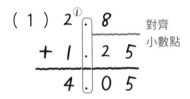

$$\begin{array}{r} 2\,.\,8 \\ +\ 1\,.\,2\ 5 \\ \hline 4\,.\,0\ 5 \end{array}$$

對齊
小數點

整數計算

以28＋125為例：

$$\begin{array}{r} 2\,8 \\ +\ 1\,2\,5 \\ \hline 1\,5\,3 \end{array}$$

對齊
尾數

個位數的右邊有看不見的小數點！

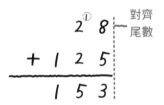

（2）6 ⎝ 0 0 ⎠

先理解6＝6.00，
接下來對齊小數點！

$$\begin{array}{r} 6\,.\,0\ 0 \\ -\ 0\,.\,0\ 8 \\ \hline 5\,.\,9\ 2 \end{array}$$

只要懂得運用三年級之前所學的整數計算，
就可以進階學會小數計算！

16 小數的乘法（小數 × 整數）

四、五年級

進行小數的乘法計算時，跟加法、減法不同，不是對齊小數點，而是必須對齊尾數來計算。

▶ 題目

求出下列各題的答案。

（1）0.7×3　　　　　　（2）2.6×20

正確答案

對齊尾數後，運用與整數相同的方法來計算。
關鍵在於答案的小數點位置！

（1）

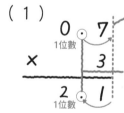

對齊尾數

運用與整數相同的方法進行計算。
小數點以下有幾位數，就往左移動幾位數打上小數點。

※ 與整數相乘時，小數點可以直接往下移。

答案　　2.1

✖ 容易出錯的地方

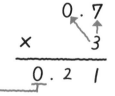

保留了0×3=0的計算，
而且把小數點打在0的後面

（2）

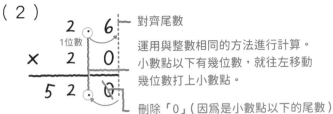

對齊尾數

運用與整數相同的方法進行計算。
小數點以下有幾位數，就往左移動
幾位數打上小數點。

刪除「0」（因為是小數點以下的尾數）

答案　52

🌸 花丸式教學的重點

先打上小數點之後，再刪除小數點以下的尾數「0」！

先打上小數點

刪除「0」

先刪除「0」的話，會發生什麼狀況？

先刪除「0」

打上小數點

位數偏移了！

17
五年級

小數的乘法（小數 × 小數）

小數×小數也是先運用與整數相同的方法來計算，重點在於最後有沒有在正確位置打上小數點。

▶ 題目

求出下列各題的答案。

（1）1.54×0.8　　　　（2）2.4×1.05

正確答案

基本上與「小數×整數」的計算相同。注意不要搞錯小數點的移動位數！

（1）

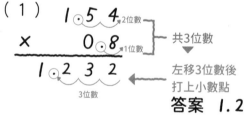

「乘數和被乘數的小數點以下共有幾位數」，就往左移動幾位數打上小數點。

答案　1.232

（2）

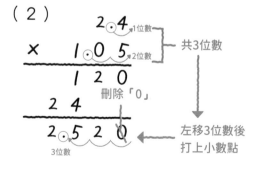

答案　2.52

花丸式教學的重點

仔細確認小數點應該打在哪個位置。

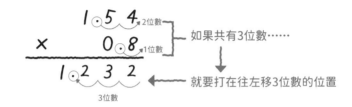

如果共有3位數······

就要打在往左移3位數的位置

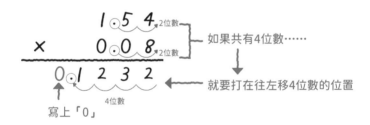

如果共有4位數······

就要打在往左移4位數的位置

寫上「0」

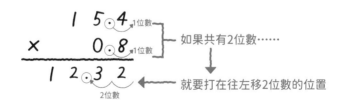

如果共有2位數······

就要打在往左移2位數的位置

18
四、五年級

小數的乘法
（小數點的移位）

進行小數的乘法計算時，只要能理解「小數點移位」的做法和含意，計算錯誤就會變少喔！

▶ 題目

求出下列各題的答案。

（1）2.14×10　　　　（2）3.27×0.1　　　　（3）3.5×40

正確答案

小數點往右移1位數，就等於「×10」；往左移動1位數，就等於「÷10」。

（1）　2.14 × 10.0

小數點往右移1位數。　　小數點往左移1位數。
（等於 ×10）　　　　　　（等於 ÷10）
　　　　　　　　　　　　（以10=10.0來思考）

以乘法計算來說
被乘數 ×10
乘數 ÷10

$$=21.4×1$$
$$=21.4$$

可求出相同答案

當小數點移動1位數時，只要把另一方的數字往反方向移動1位數，答案還是不變。

（2）　3.27 × 0.1

$$=0.327×1$$
$$=0.327$$

（3）　3.5×4.00

$= 35 \times 4$

神奇的兩倍和一半

進行乘法計算時，
讓被乘數 ×2（兩倍）、
乘數 ÷2（一半）來計算，
答案還是不變。

$= 70 \times 2$

$= 140$

花丸式教學的重點

雖然是乘法計算，但有時答案會變小。

一聽到「乘法」，總容易產生「答案會比被乘數大」的想法，但依乘數不同，有時答案反而會變小！

例

（2）　3.27×0.1

$= 0.327 \times 1$

明明是相乘，數字卻變小了。

$= 0.327$

乘以小於1的數字時，答案會比被乘數小。

19 小數的除法

四、五年級 （小數 ÷ 整數）

進行小數÷整數的除法計算時，除了商數必須打上小數點之外，其他部分只要照著整數÷整數的方法計算就好！

▶ 題目

求出下列各題的答案，並計算到整除爲止。

（1）$8.4 \div 3$ 　　　　　　　（2）$3.92 \div 7$

正確答案

記得確認商數的小數點位置！

（1）

```
    2.8
3)8.4
  6
  2 4
  2 4
    0
```

如果除數是整數，
把被除數的小數點往正上方移動。
（其他部分與整數相除的計算方法相同。）

答案　　**2.8**

（2）

```
      0.56
   7)3.92
     3 5
       4 2
       4 2
         0
```

如果小數點左邊沒有數字，
記得要寫上「0」。

小數點往正上方移動。

答案　　0.56

花丸式教學的重點

當整數 ÷ 整數的答案是小數時，記得留意小數點位置以及有沒有看不見的「0」！

例　　3÷4

```
      0.75
   4)3.00
     2 8
       2 0
       2 0
         0
```

這裡有看不見的「0」

答案　　0.75

20 小數的除法（小數÷小數）

五年級

小數與小數相除時，也是運用與整數相同的方法來計算。不過，移動小數點的步驟很重要，一定要牢記！

▶ 題目

求出下列各題的答案。

（1）5.17÷2.2　　（2）1.8÷7.5　　（3）16.2÷0.36

正確答案

除了理解如何計算之外，也要確實理解移動小數點的含意！

（1）

②被除數的小數點也要記得往右移動

③移動完小數點的位置，直接往上移。

①把小數點往右移動，讓除數可化爲整數。（等於 ×10）

> 以除法計算來說
> 被除數 ×10
> 除數 ×10

可求出相同答案。

把小數點往同一方向，移動相同位數時答案還是不變。

答案　**2.35**

（2）

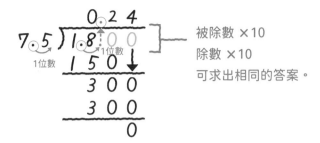

被除數 ×10
除數 ×10
可求出相同的答案。

答案　0.24

（3）

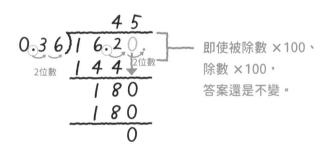

即使被除數 ×100、
除數 ×100，
答案還是不變。

答案　45

牢記移動小數點的步驟！

① 移動小數點讓除數可以化爲整數。

$$2.2 \overline{\smash{)}\ 5.17}$$
1位數

② 在①的步驟移動了多少位數，被除數的小數點也要往同
一方向移動相同位數。

$$2.2 \overline{\smash{)}\ 5 1.7}$$
1位數

③ 步驟②的小數點位置直接往上移，就是商數的小數點位置。

$$2 2 \overline{\smash{)}\ 5 1.7}$$

④ 接下來按照整數的除法計算方法，進行計算就可以。

$$
\begin{array}{r}
2.35 \\
2 2 \overline{\smash{)}\ 5 1.7} \\
4 4 \\
\hline
7 7 \\
6 6 \\
\hline
1 1 0 \\
1 1 0 \\
\hline
0 \\
\end{array}
$$

21 小數的除法（餘數）

五年級

小數的除法計算遇到有「餘數」的狀況時，必須注意「餘數」的小數點位置。這個地方很容易出錯，反覆多做練習吧！

▶ 題目

（1）求出下列算式的商數到小數第一位，並記下餘數。
$$55.2 \div 7$$

（2）求出下列算式的商到小數第二位，並記下餘數。
$$8.8 \div 3.4$$

正確答案

仔細確認餘數的小數點應該打在哪個位置。

（1）

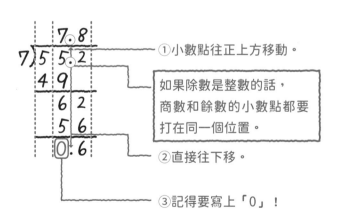

① 小數點往正上方移動。

如果除數是整數的話，商數和餘數的小數點都要打在同一個位置。

② 直接往下移。

③ 記得要寫上「0」！

答案　7.8　餘　0.6

（2）

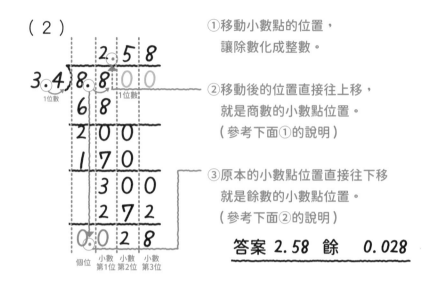

①移動小數點的位置，
　讓除數化成整數。

②移動後的位置直接往上移，
　就是商數的小數點位置。
　（參考下面①的說明）

③原本的小數點位置直接往下移
　就是餘數的小數點位置。
　（參考下面②的說明）

答案 2.58 餘　0.028

花丸式教學的重點

計算時要注意到「位數」，才不會搞錯小數點的位置！

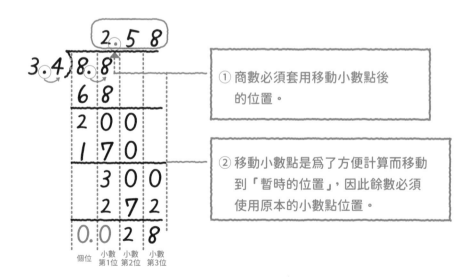

① 商數必須套用移動小數點後
　 的位置。

② 移動小數點是爲了方便計算而移動
　 到「暫時的位置」，因此餘數必須
　 使用原本的小數點位置。

22 小數的除法（小數點的移位）

四、五年級

小數的除法計算也像乘法一樣，只要運用移動小數點的做法，就能輕鬆心算，也能避免計算錯誤喔！

▶ 題目

求出下列各題的答案。

（1）$13.4 \div 10$　　　（2）$25 \div 0.1$　　　（3）$0.24 \div 0.06$

正確答案

（1）

$$13.4 \div 10.0$$

1位數　　　1位數

小數點各往左邊移動1位數。

$$= 1.34 \div 1$$
$$= 1.34$$

┌─── 以除法來說， ───
即使把小數點往同一方向
移動相同位數，
答案還是不變。

※ 換乘法時，則不一樣。
必須往反方向移動，
才能得到相同的答案。

（2）

$$25.0 \div 0.1$$

1位數　　　1位數

$$= 250 \div 1$$
$$= 250$$

（3）

$$0.24 \div 0.06$$

2位數　　2位數

$$=24 \div 6$$
$$=4$$

🌼 花丸式教學的重點

以除法來說，把小數點往同一方向移動，答案也不會改變。

如果以3人為一組來分組，6人可分成二組。

$$6 \div 3 = 2$$

如果以30人為一組來分組，60人可分成二組。

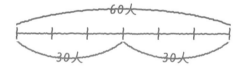

$$60 \div 30 = 2$$

如果以300人為一組來分組，600人可分成二組。

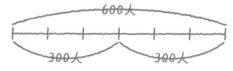

$$600 \div 300 = 2$$

即使除數和被除數雙方都變成10倍、100倍，或變成 $\frac{1}{10}$、$\frac{1}{100}$，答案也不會改變。

第 **4** 章

分數計算

23 分數的含意和書寫順序

三年級

分數有正確的書寫順序喔！如果沒有養成正確書寫習慣，有時可能會造成計算錯誤，一定要小心！

▶ 題目

（1）　以正確的書寫順序寫出 $\frac{1}{3}$ 。

（2）　說明看看分數 $\frac{2}{5}$ 所代表的意思。

正確答案

寫分數時記得邊寫邊說：「○分之○。」透過這樣的練習讓自己記住書寫順序！

（1）

| 橫線 | 「3」分之 | 「1」 |

試著發出聲音說：「3分之1。」

※ 如果是帶分數，先寫出整數部分，
接著照相同順序書寫。

$2 \rightarrow 2— \rightarrow 2\frac{}{3} \rightarrow 2\frac{1}{3}$

✕ 容易出錯的地方

$1 \rightarrow \frac{1}{} \rightarrow \frac{1}{3}$ 、 $3 \rightarrow \frac{}{3} \rightarrow \frac{1}{3}$

如果書寫習慣不正確，有時可能會成為計算錯誤的原因。

「等分」代表著平均分攤的意思。

分數和小數一樣，都可以表示比1小的數字。

（2）

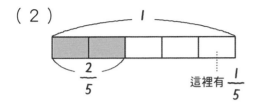

$\dfrac{2}{5}$

這裡有 $\dfrac{1}{5}$

答案　$\dfrac{2}{5}$ 代表把1分成5等分後的2等分

🌸 花丸式教學的重點

（1）　一開始練習書寫分數時，記得邊寫邊發出聲音！

首先畫橫線 ─、接著寫上分母 $\dfrac{}{3}$、最後寫上分子 $\dfrac{1}{3}$

（2）　分數 $\dfrac{\blacktriangle}{\bullet}$ 所代表的意思是，把1分成 ● 等分後的 ▲ 等分（●為分母、▲為分子）。

分數沒辦法用「1、2、3」的方式數出來，所以會比較難理解。這部分經常成為三、四年級生的學習障礙，也有不少因為學習分數而受挫的例子。讓孩子學會能夠確實說出分數的意義吧！

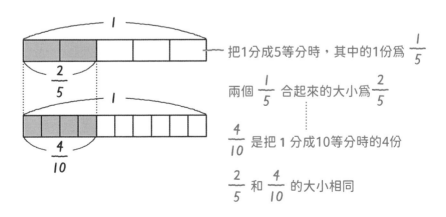

把1分成5等分時，其中的1份為 $\dfrac{1}{5}$

兩個 $\dfrac{1}{5}$ 合起來的大小為 $\dfrac{2}{5}$

$\dfrac{4}{10}$ 是把 1 分成10等分時的4份

$\dfrac{2}{5}$ 和 $\dfrac{4}{10}$ 的大小相同

24 約分

五年級

把分母和分子各除以它們的公因數，變成分母較小的分數，這樣的動作就叫作「約分」。能約分時一定要記得約分喔！

▶ 題目

下列各題的分數，約分之後是多少？

（1）$\dfrac{36}{48}$　　　　　　　　（2）$\dfrac{105}{273}$

正確答案

約分時的重點在於盡可能以最少的步驟完成，以及從頭到尾都要確認還有沒有可除得盡的數字。

（1）$\dfrac{36}{48}$（以6約分）$\rightarrow$ $\dfrac{36}{48}$（以2約分）　　　　答案　$\dfrac{3}{4}$

✘ 容易出錯的地方

$\dfrac{36}{48} \rightarrow \dfrac{36}{48}$　　答案　$\dfrac{9}{12}$

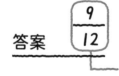

還可以繼續約分，卻只以2約分，沒有想到其他數字。

（2） $\dfrac{\cancel{105}^{35}}{\cancel{273}_{91}}$ → $\dfrac{\cancel{105}^{\cancel{35}^{5}}}{\cancel{273}_{\cancel{91}_{13}}}$

（以3約分）　　（以7約分）

答案　$\dfrac{5}{13}$

🌸 花丸式教學的重點

盡可能以較大的數字約分！

（1）

$\dfrac{\cancel{36}^{6}}{\cancel{48}_{8}}$ → $\dfrac{\cancel{36}^{\cancel{6}^{3}}}{\cancel{48}_{\cancel{8}_{4}}}$ → $\dfrac{36}{48} = \dfrac{3}{4}$

（以6約分）　　（以2約分）

$\dfrac{\cancel{36}^{3}}{\cancel{48}_{4}}$ → $\dfrac{36}{48} = \dfrac{3}{4}$

（以12約分）

以較大的數字約分，可以減少計算次數。

⬇

計算錯誤會變少。

善加運用短除法！

（1）

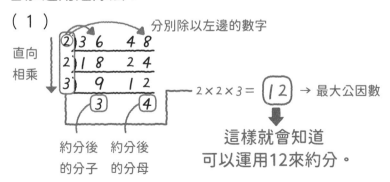

直向相乘

分別除以左邊的數字

$2 \times 2 \times 3 = \boxed{12}$ → 最大公因數

⬇

這樣就會知道
可以運用12來約分。

約分後的分子　約分後的分母

花丸式教學的重點

試著以2、3、5、7約分看看！

如果熟練到一看見數字，就能立刻看出要用什麼數字來約分，
計算起來就會輕鬆許多。基本上，確認能不能以「2、3、5、7」
這幾個數字來約分是計算重點！

2的倍數 ＝ 個位數為偶數的數字。
（12、124、256等）

3的倍數 ＝ 每個位數相加後為3的倍數的數字。
（105、171、273等）

5的倍數 ＝ 個位數為0或5的數字。
（45、210、365等）

7的倍數 ＝ 除了九九乘法中屬於7的倍數的數字之外，
還有7×11=77、7×13=91、7×17=119等數字。

（2）
$$\frac{105}{273} \rightarrow \begin{array}{l} 1+0+5=\boxed{6} \\ 2+7+3=\boxed{12} \end{array}$$

兩者都是3的倍數

這樣就會知道
可以用3來約分

不要因為無法用2、3、5、7約分，
就放棄計算！
試著用11、13、17……等質數確認
看看能不能約分。

應用 $\frac{121}{143} = \frac{11}{13}$ （以11約分）

其他質數也可用來約分

25 假分數和帶分數

四、五年級

分子小於分母的分數稱爲眞分數，分子與分母一樣大或大於分母的分數稱爲假分數，整數和眞分數的和（相加後的答案）所呈現出來的分數稱爲帶分數。

▶ 題目

做做看，把假分數換成帶分數，帶分數換成假分數。

（1）$\dfrac{13}{4}$　　　　　（2）$3\dfrac{5}{6}$　　　　　（3）$\dfrac{35}{7}$

在□填入正確的數字。

（4）$2\dfrac{5}{8}=1\dfrac{\square}{8}$　　　（5）$4\dfrac{7}{5}=5\dfrac{\square}{5}$　　　（6）$6\dfrac{8}{4}=\square$

正確答案

轉換假分數和帶分數時，重點在於能不能算出假分數中有多少可以進位成爲整數，以及能不能把帶分數的整數部分化爲分數。

（1）【假分數→帶分數】

$$\dfrac{13}{4}=3\dfrac{1}{4}$$

→ $13÷4=3$ 餘 1

分子　分母

【帶分數→假分數】
參照除法的「驗算」方式。

$4×3+1=13$

分母　整數　分子

$\dfrac{13}{4}=\left(\dfrac{4}{4}+\dfrac{4}{4}+\dfrac{4}{4}\right)+\dfrac{1}{4}=1+1+1+\dfrac{1}{4}=3+\dfrac{1}{4}=3\dfrac{1}{4}$

3個　　　　　　　　　餘數

（2）

$$3\frac{5}{6} = \frac{23}{6} \longrightarrow \left(\frac{6}{6} + \frac{6}{6} + \frac{6}{6}\right) + \frac{5}{6} = \frac{23}{6}$$

3個

$$\longrightarrow \boxed{6} \times \boxed{3} + \boxed{5} = 23$$

分母　整數　分子

（3）

$$\frac{35}{7} = 5$$

$$\longrightarrow 35 \div 7 = \underline{5}$$

$$\frac{\overset{5}{\cancel{35}}}{\underset{1}{\cancel{7}}} = \boxed{\frac{5}{1}} \longrightarrow$$ 只做了約分，
沒有化爲整數。

（4）

$$2\frac{5}{8} = 1\frac{\boxed{13}}{8}$$ 　　答案 □ = 13

$$\longrightarrow 2\frac{5}{8} = 1 + 1\frac{5}{8}$$

$$= \boxed{\frac{8}{8}} + 1\frac{5}{8} \cdots\cdots 1 = \frac{8}{8}$$ 對吧！

$$= 1\frac{13}{8}$$

（5）

$$4\frac{7}{5} = 5\frac{\boxed{2}}{5}$$ 　　答案 □ = 2

$$\longrightarrow 4\frac{7}{5} = 4 + \frac{7}{5} = 4 + \frac{5}{5} + \frac{2}{5}$$

$$= 4 + 1 + \frac{2}{5} = 5\frac{2}{5}$$

（6）$6\dfrac{8}{4} = \boxed{8}$　　　　答案　$\square = \mathbf{8}$

$6\dfrac{8}{4} = 6 + \left(\dfrac{8}{4}\right)$　←　這裡也可以看成 $8 \div 4 = 2$

$= 6 + \dfrac{4}{4} + \dfrac{4}{4}$

$= 6 + 1 + 1$

$= 8$

🌸 花丸式教學的重點

先確認整數和分數的基本關係！

※ 分子與分母數字相同時等於「1」。

$\dfrac{1}{1}$、$\dfrac{2}{2}$、$\dfrac{3}{3}$、$\dfrac{4}{4}$、$\dfrac{5}{5}$……全部都等於 1

※ 分母為1時，一定可以化爲整數。
（所有整數都有看不見的分母1）

$\dfrac{1}{1} = 1$　　$\dfrac{2}{1} = 2$　　$\dfrac{3}{1} = 3$　　$\dfrac{4}{1} = 4$　　$\dfrac{5}{1} = 5$

※ 分子除以分母時只要能夠整除，就可以化爲整數。

$\dfrac{4}{2} = 2$　　　　$\dfrac{12}{3} = 4$　　　　$\dfrac{30}{5} = 6$

（$4 \div 2 = 2$）　　（$12 \div 3 = 4$）　　（$30 \div 5 = 6$）

26 分數的加法和減法（同分母）

四、五年級

進行分數的加法和減法計算時，如果是同分母的分數，只要計算分子（加、減）就能求出答案喔！

▶ 題目

求出下列各題的答案。

（1）$\dfrac{2}{7} + \dfrac{4}{7}$ （2）$\dfrac{11}{12} - \dfrac{5}{12}$

正確答案

（1）

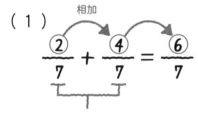

相加

$$\dfrac{2}{7} + \dfrac{4}{7} = \dfrac{6}{7}$$

因為是同分母，
只要把分子相加就好！

✕ 容易出錯的地方

$$\dfrac{2}{7} + \dfrac{4}{7} = \dfrac{6}{14}$$

把分母也相加在一起了。

（2）

相減

$$\dfrac{11}{12} - \dfrac{5}{12} = \dfrac{6}{12}$$

$$= \dfrac{1}{2}$$

可約分

🌸 花丸式教學的重點

分子會相加或相減，但分母必須維持不變。

想想看為什麼要這麼做？

（1）

$$\frac{2}{\boxed{7}} + \frac{4}{\boxed{7}} = \frac{6}{\boxed{7}}$$

（2）

$$\frac{11}{\boxed{12}} - \frac{5}{\boxed{12}} = \frac{6}{\boxed{12}}$$

$$= \frac{1}{2}$$

分母必須維持不變。

記得留意，有時計算後求出的分數可以約分！

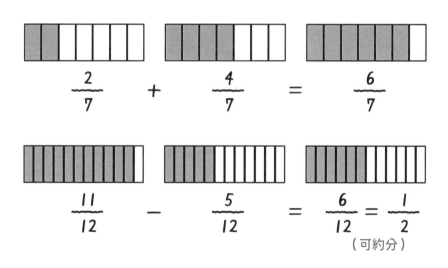

$$\frac{2}{7} \quad + \quad \frac{4}{7} \quad = \quad \frac{6}{7}$$

$$\frac{11}{12} \quad - \quad \frac{5}{12} \quad = \quad \frac{6}{12} = \frac{1}{2}$$

（可約分）

27 分數的加法和減法（通分）

五年級

進行不同分母的分數加法和減法計算時，記得要先通分（化為同分母），再進行計算！

▶ 題目

求出下列各題的答案。

（1）$\dfrac{1}{4} + \dfrac{2}{5}$ （2）$\dfrac{3}{5} + \dfrac{2}{15}$ （3）$\dfrac{3}{10} + \dfrac{11}{14}$

（4）$\dfrac{3}{8} - \dfrac{1}{6}$ （5）$\dfrac{7}{15} - \dfrac{5}{12}$

正確答案

參照P106的說明，通分只會有三種做法喔！

（1）

$$\dfrac{1}{4} + \dfrac{2}{5} = \dfrac{1 \times 5}{4 \times 5} + \dfrac{2 \times 4}{5 \times 4}$$

① 兩邊的分母相乘，化為相同分
② 分子也要乘上相同數字。

$$= \dfrac{5}{20} + \dfrac{8}{20} = \dfrac{13}{20}$$

※ 除了4和5之外，
沒有其他公因數。
→參照 P106的（A）

（2）$\dfrac{3}{5} + \dfrac{2}{15} = \dfrac{3 \times 3}{5 \times 3} + \dfrac{2}{15}$

15是5的倍數，所以讓另一邊的分母也變成15。
→參照 P106的（B）

$= \dfrac{9}{15} + \dfrac{2}{15}$

5乘以3讓分母變成「15」，分子也要和分母一樣乘以3。

$= \dfrac{11}{15}$

（3）

各自相乘。

$\dfrac{3}{10} \times \dfrac{11}{14}$，$2)$ 10 14，5 7

分母 = 2 × 5 × 7

$= \dfrac{21}{70} + \dfrac{55}{70}$

這題不屬於（A）、（B）的例子，所以要讓分母變成最小公倍數。
→參照 P106的（C）

$= \dfrac{76}{70} = 1\dfrac{6}{70}^{3}_{35} = 1\dfrac{3}{35}$

進行約分。

（4）

各自相乘。

$\dfrac{3}{8} \times \dfrac{1}{6}$，$2)$ 8 6，4 3

分母 = 2 × 4 × 3

$= \dfrac{3 \times 3}{24} - \dfrac{1 \times 4}{24}$

這題不屬於（A）、（B）的例子，所以要以最小公倍數為分母。

$= \dfrac{9}{24} - \dfrac{4}{24} = \dfrac{5}{24}$

（5）

各自相乘。

$\dfrac{7}{15} \times \dfrac{5}{12}$，$3)$ 15 12，5 4

分母 = 3 × 5 × 4

$= \dfrac{7 \times 4}{60} - \dfrac{5 \times 5}{60}$

這題不屬於（A）、（B）的例子，所以要以最小公倍數為分母。

$= \dfrac{28}{60} - \dfrac{25}{60} = \dfrac{3}{60}^{1}_{20}$

進行約分。

$= \dfrac{1}{20}$

通分有三種做法。

計算之前記得先思考一下要用哪個做法。

假設現在要針對 $\dfrac{B}{A}$ 和 $\dfrac{D}{C}$ 進行通分，

將會有下列三種狀況：

（A）兩邊的分母除了1之外，沒有其他公因數的狀況

→ A×C

（B）一邊的分母是另一邊分母倍數的狀況

→把分母換算成 A 或 C 一樣大的數字

（C）不屬於（A）、（B）的狀況

→把分母換算成 A 和 C 的最小公倍數

進行通分時，分母乘以多少，分子也要跟著乘以多少。

例

$$\frac{2}{3} + \frac{1}{4} = \frac{2 \times \boxed{4}}{3 \times \boxed{4}} + \frac{1 \times \boxed{3}}{4 \times \boxed{3}}$$

$$= \frac{8}{12} + \frac{3}{12}$$

$$= \frac{11}{12}$$

如果分母乘以4，分子也要跟著乘以4；
如果分母乘以3，分子也要跟著乘以3。

28 分數的加法和減法（帶分數）

五年級

計算帶分數時，不要化為假分數，把整數部分和分數部分各自分開計算會比較容易。

▶題目

求出下列各題的答案。

（1）$3\dfrac{5}{12} + 2\dfrac{1}{8}$　　　（2）$1\dfrac{7}{12} + 3\dfrac{13}{20}$

（3）$4\dfrac{3}{4} - 2\dfrac{7}{10}$　　　（4）$4\dfrac{2}{21} - 1\dfrac{13}{14}$

正確答案

按照著①通分、②計算（加、減）、③約分的順序來計算！

（1）

$$3\dfrac{5}{12} + 2\dfrac{1}{8} = 3\dfrac{5\times2}{12\times2} + 2\dfrac{1\times3}{8\times3}$$ ①進行通分。

$$= 3\dfrac{10}{24} + 2\dfrac{3}{24}$$ ②兩邊的整數和分數各自分開相加。

$$= 5\dfrac{13}{24}$$ ← ③檢查看看能不能約分！

（２）

$$1\frac{7}{12} + 3\frac{13}{20} = 1\frac{7\times5}{12\times5} + 3\frac{13\times3}{20\times3}$$ ①進行通分。

②相加

$$= 1\frac{35}{60} + 3\frac{39}{60}$$

②相加

②相加

$$= 4\frac{74}{60} \longleftarrow \frac{60}{60} = 1 \text{ 因為大於1，所以要進位。}$$

$$= 5\frac{\overset{7}{\cancel{14}}}{\underset{30}{\cancel{60}}}$$ ③進行約分。

$$= 5\frac{7}{30}$$

（３）

$$4\frac{3}{4} - 2\frac{7}{10} = 4\frac{3\times5}{4\times5} - 2\frac{7\times2}{10\times2}$$ ①進行通分。

②相減

$$= 4\frac{15}{20} - 2\frac{14}{20}$$

②相減

$$= 2\frac{1}{20} \longleftarrow \text{③檢查看看能不能約分！}$$

（4）$4\dfrac{2}{21} - 1\dfrac{13}{14} = 4\dfrac{2\times2}{21\times2} - 1\dfrac{13\times3}{14\times3}$　①進行通分。

$$= 4\dfrac{\boxed{4}}{42} - 1\dfrac{\boxed{39}}{42}$$　② 4不夠減39！

$$4\dfrac{4}{42} = 3 + \dfrac{42}{42} + \dfrac{4}{42}$$
$$= 3\dfrac{46}{42}$$

$$= 3\dfrac{46}{42} - 1\dfrac{39}{42}$$

②退位再進行減法計算。

$$= 2\dfrac{\cancel{7}^{\,1}}{\cancel{42}_{\,6}}$$　③進行約分。

$$= 2\dfrac{1}{6}$$

❀ 花丸式教學的重點

帶分數和帶分數的加法和減法要如何計算？

①維持帶分數的狀態進行通分。

②整數和分數分開計算。

③檢查能不能約分。

要記得依照上面的順序來計算！

假如都換成假分數來計算的話，會怎麼樣呢？

（1）$3\dfrac{5}{12} + 2\dfrac{1}{8} = \dfrac{41}{12} + \dfrac{17}{8}$

$$= \dfrac{41\times2}{12\times2} + \dfrac{17\times3}{8\times3}$$

……計算起來會變得很麻煩！

29 三個分數以上的加法和減法

五年級

進行三個分數以上的計算時，先把所有分數通分，計算會更輕鬆。

▶ 題目

求出下列各題的答案。

（1）$1\dfrac{1}{3}-\dfrac{5}{6}+\dfrac{2}{5}$　　　　（2）$3\dfrac{1}{5}-1\dfrac{7}{10}+2\dfrac{11}{14}$

正確答案

首先把所有分數加以通分，再進行計算！

（1）

$$1\dfrac{1}{3}-\dfrac{5}{6}+\dfrac{2}{5}$$

以3、6、5的最小公倍數通分所有分母。

$$=1\dfrac{10}{30}-\dfrac{25}{30}+\dfrac{12}{30}$$

因為10不夠減25，所以要退位。

$$=\dfrac{40}{30}-\dfrac{25}{30}+\dfrac{12}{30}$$

$$=\dfrac{40-25+12}{30}$$

$$=\dfrac{27^{9}}{30_{10}}=\dfrac{9}{10}$$

進行約分。

（2）

$$3\frac{1}{5} - 1\frac{7}{10} + 2\frac{11}{14}$$

以5、10、14的最小公倍數通分所有分母。

$$= 3\frac{14}{70} - 1\frac{49}{70} + 2\frac{55}{70}$$

※ 也可以先計算 $3\frac{14}{70} + 2\frac{55}{70}$ 的部份。

因為不可能 14－49，所以要退位。

$$= 2\frac{84}{70} - 1\frac{49}{70} + 2\frac{55}{70}$$

分開計算整數部分、分數部分。

$$= 3\frac{90}{70} = 4\frac{20}{70}^{2}_{7} = 4\frac{2}{7}$$

進行約分。

因為 $\frac{90}{70} = 1\frac{20}{70}$，所以要進位。

🌸 花丸式教學的重點

學會「一次通分所有分母」！

（1）

$$1\frac{1}{3} - \frac{5}{6} + \frac{2}{5}$$

如何通分這3個分數？

求出3個分母的最小公倍數。

$$) \quad 3 \quad 6 \quad 5$$

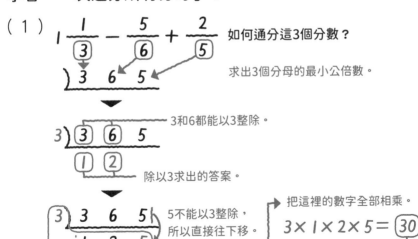

3和6都能以3整除。

$$3) \; 3 \quad 6 \quad 5$$
$$\quad\; 1 \quad 2$$

除以3求出的答案。

$$3) \; 3 \quad 6 \quad 5$$
$$\quad\; 1 \quad 2 \quad 5$$

5不能以3整除，所以直接往下移。

已經沒有可以整除的數字。

把這裡的數字全部相乘。

$$3 \times 1 \times 2 \times 5 = 30$$

30就是通分後的分母。

30 分數的乘法
六年級　（整數 × 分數｜分數 × 整數）

還不熟悉整數和分數的乘法計算之前，先把整數化為分數來計算！

▶ 題目

求出下列各題的答案。

（1）$3 \times \dfrac{2}{11}$

（2）$\dfrac{4}{17} \times 4$

正確答案

把整數化為分數後再計算！

（1）

化為分數。

$$\boxed{3} \times \frac{2}{11} = \boxed{\frac{3}{1}} \times \frac{2}{11}$$

$$= \frac{\boxed{3 \times 2}}{\boxed{1 \times 11}}$$

分母和分子各自相乘。
檢查看看能不能約分！

$$= \frac{6}{11}$$

✖ 容易出錯的地方

$$\boxed{3} \times \frac{2}{\boxed{11}} = \frac{2}{3 \times 11} = \frac{2}{33}$$

直接把整數與分母相乘。

（2）

化爲分數。

$$\frac{4}{17} \times ④ = \frac{4}{17} \times \boxed{\frac{4}{1}}$$

$$= \frac{\boxed{4 \times 4}}{\boxed{17 \times 1}}$$

分母和分子各自相乘。
檢查看看能不能約分！

$$= \frac{16}{17}$$

🌸 花丸式教學的重點

①把整數化爲分數。

$$□ = \frac{□}{1}$$

整數　　整數的分母爲1。

例

$$1 = \frac{1}{1} 、 2 = \frac{2}{1} 、 3 = \frac{3}{1} 、 4 = \frac{4}{1} ……$$

②計算時分母 × 分母、分子 × 分子。

$$\frac{□}{○} \times \frac{■}{△} = \frac{□ \times ■}{○ \times △}$$

例

$$\frac{3}{2} \times \frac{5}{4} = \frac{3 \times 5}{2 \times 4}$$

↑
一定要記得檢查能不能約分！

31 分數的乘法（真分數 × 真分數）

六年級

計算分數時，我們會以分母×分母、分子×分子來計算，但如果在相乘之前先約分，可以讓計算變得更簡單。

▶ 題目

求出下列各題的答案。

$$（1）\frac{1}{4} \times \frac{2}{5} \qquad （2）\frac{3}{8} \times \frac{4}{9}$$

正確答案

先確認看看能不能約分！

（1）

先進行約分。

$$\frac{1}{4} \times \frac{2}{5} = \frac{1}{2} \times \frac{1}{5} = \frac{1 \times 1}{2 \times 5}$$

$$= \frac{1}{10}$$

（2）

先進行約分。

$$\frac{3}{8} \times \frac{4}{9} = \frac{1}{2} \times \frac{1}{3} = \frac{1 \times 1}{2 \times 3} = \frac{1}{6}$$

※ 注意！有時不只有一組數字可以約分！

✖ 容易出錯的地方

$$\frac{3}{8} \times \frac{4}{9} = \frac{12}{72} = \boxed{\frac{3}{18}}$$

因為是在相乘之後才約分，結果沒發現還可以再約分，就直接寫答案！

🌼 花丸式教學的重點

乘法計算之前，能約分的部分就先約分！

（1）

$$\frac{1}{\cancel{4}_{2}} \times \frac{\cancel{2}^{1}}{5} = \frac{1}{2} \times \frac{1}{5}$$

如果沒有先約分會怎麼樣？

$$\frac{1 \times 2}{4 \times 5} = \frac{2}{20} = \frac{1}{10}$$

因為數字比較大，
容易計算錯。

只能「直向」或「斜向」約分，不能「橫向」約分！

$$\frac{\boxed{\cancel{2}^{1}}}{\boxed{\cancel{4}}_{2}} \times \frac{3}{5} = \frac{1}{2} \times \frac{3}{5}$$ ○ 直向約分

$$\frac{1}{\cancel{4}_{2}} \times \frac{\cancel{2}^{1}}{5} = \frac{1}{2} \times \frac{1}{5}$$ ○ 斜向約分

如果是加、減法的計算，
就不能斜向約分喔！

$$\frac{1}{\boxed{\cancel{3}}_{1}} \times \frac{2}{\boxed{\cancel{9}}_{3}} = \frac{1}{1} \times \frac{2}{3}$$ ✕ 橫向約分

不能橫向約分！

32 分數的乘法（帶分數 × 帶分數）

六年級

進行帶分數的計算時，一定要先化爲假分數再計算。當答案是假分數時，也要記得化爲帶分數！

▶ 題目

求出下列各題的答案。

$$（1）3\frac{3}{4} \times 1\frac{2}{5} \qquad （2）1\frac{5}{9} \times 1\frac{7}{8} \times 2\frac{4}{7}$$

正確答案

（1）

①化爲假分數

$$3\frac{3}{4} \times 1\frac{2}{5} = \frac{\overset{3}{\cancel{15}}}{4} \times \frac{7}{\cancel{5}_{1}}$$

②進行約分

$$= \frac{3}{4} \times \frac{7}{1}$$

$$= \frac{3 \times 7}{4 \times 1}$$

$$= \frac{21}{4} = 5\frac{1}{4}$$

④化爲帶分數

> 帶分數 × 帶分數
> 正確步驟
>
> ①把帶分數化爲
> 假分數。
> ↓
> ②約分。
> ↓
> ③計算。
> ↓
> ④把假分數化爲
> 帶分數。

$$3\frac{3}{4} \times 1\frac{2}{5} = 3 \times 1 + \frac{3 \times \overset{1}{\cancel{2}}}{\underset{2}{\cancel{4}} \times 5} = 3\frac{3}{10}$$

因為不是加減計算，所以整數和分數分開計算，
無法求出正確答案。

（2）

$$1\frac{5}{9} \times 1\frac{7}{8} \times 2\frac{4}{7}$$

$$= \frac{\overset{2}{\cancel{14}}}{\underset{1}{\cancel{9}}} \times \frac{15}{8} \times \frac{\overset{2}{\cancel{18}}}{\underset{1}{\cancel{7}}}$$

①化為假分數。

②進行約分。

※ 這裡分兩道步驟約分，但可以的話，盡量一次就完成約分動作！

$$= \frac{\overset{1}{\cancel{2}}}{1} \times \frac{15}{\underset{2}{\cancel{8}_4}} \times \frac{\overset{1}{\cancel{2}}}{1}$$

$$= \frac{1}{1} \times \frac{15}{2} \times \frac{1}{1}$$

③計算。

$$= \frac{15}{2}$$

$$= 7\frac{1}{2}$$

④化為帶分數。

33 倒數

六年級

所謂的「倒數」，是指「積」（乘法計算後的答案）會成為1的數字。
先把整數或小數化為分數後，再換成倒數的做法會比較容易理解。

▶ 題目

求出下列各數字的倒數。

（1）8　　　　　（2）0.4　　　　　（3）$2\frac{2}{3}$

正確答案

把整數、小數化為分數！

（1）　$8 \rightarrow \frac{8}{1} \rightarrow \frac{1}{8}$

化為分數　分母與分子對換

答案　$\frac{1}{8}$

（答案也可以是0.125！）

（2）　$0.4 \rightarrow \frac{4}{10} \rightarrow \frac{2}{5} \rightarrow \frac{5}{2} \rightarrow 2\frac{1}{2}$

化為分數　進行約分　分母與分子對換　化為帶分數

答案　$2\frac{1}{2}$

（答案也可以是2.5！）

（3） $2\dfrac{2}{3}$ → $\dfrac{8}{3}$ → $\dfrac{3}{8}$

帶分數化爲假分數　　分母與分子對換

答案　$\dfrac{3}{8}$

✖ 容易出錯的地方

$2\dfrac{2}{3}$ → $2\dfrac{3}{2}$　　如果沒有化爲假分數，就算把分母與分子對換，也無法求得倒數！

花丸式教學的重點

倒數的「驗算」方式：相乘之後會等於1

（1）

$$8 \times \dfrac{1}{8} = \dfrac{\overset{1}{8}}{1} \times \dfrac{1}{\underset{1}{8}} = 1$$

（2）

$$0.4 \times 2\dfrac{1}{2} = \dfrac{\overset{\overset{1}{2}}{4}}{\underset{\underset{1}{2}}{10}} \times \dfrac{\overset{1}{5}}{\underset{1}{2}} = 1$$

把原本的數字和算出來的答案相乘後，

如果求得1，就會知道確實是倒數。

34 分數的除法
六年級 （整數÷分數｜分數÷整數）

進行分數的除法計算時，必須先把除數換成倒數後再相乘。還不熟練時，遇到有整數的時候，記得先化爲假分數再計算。

▶ 題目

求出下列各題的答案。

$$（1）\ 3 ÷ \frac{5}{6} \qquad （2）\ \frac{3}{8} ÷ 4$$

正確答案

牢記正確步驟，細心解題！

（1）

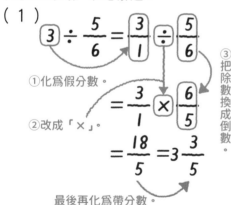

①化爲假分數。

②改成「×」。

③把除數換成倒數。

最後再化爲帶分數。

✖ 容易出錯的地方

$$3 ÷ \frac{5}{6} = \frac{3}{1} × \frac{5}{6}$$

沒有換成倒數。

$$3 ÷ \frac{5}{6} = \frac{1}{3} × \frac{6}{5}$$

兩邊都換成了倒數。

（2）

$$\frac{3}{8} \div 4 = \frac{3}{8} \div \frac{4}{1}$$

①化為假分數。

②改成「×」。

③把除數換成倒數。

$$= \frac{3}{8} \times \frac{1}{4}$$

$$= \frac{3}{32}$$

✗ 容易出錯的地方

$$\frac{3}{8} \div 4 = \frac{3}{8} \times \frac{4}{1}$$

不小心跳過步驟，
以為已經換成倒數在計算。

整數 ÷ 分數和分數 ÷ 整數

正確步驟

①把整數化為假分數。
↓
②把「÷」改成「×」。
↓
③把除數換成倒數。
↓
④如果能約分就約分。
↓
⑤進行乘法計算。

35 分數的除法（帶分數 ÷ 帶分數）

六年級

如同帶分數乘以帶分數，帶分數與帶分數相除時，也一定要先化爲假分數再計算。計算步驟與「分數的除法」（P120）相同。

▶ 題目

求出下列各題的答案。

（1） $2\dfrac{1}{4} \div 2\dfrac{1}{7}$　　（2） $2\dfrac{2}{3} \div 6 \div 1\dfrac{5}{9}$

正確答案

牢記正確步驟，細心解題！

（1）　①化爲假分數。

$$2\frac{1}{4} \div 2\frac{1}{7} = \frac{9}{4} \div \frac{15}{7}$$

②改成「×」。

③把除數換成倒數。

$$= \frac{\overset{3}{9}}{4} \times \frac{7}{\underset{5}{15}}$$

④如果能約分就約分。
⑤進行乘法計算。

$$= \frac{3 \times 7}{4 \times 5}$$

$$= \frac{21}{20} = 1\frac{1}{20}$$

最後記得化爲帶分數。

┌─ 帶分數 ÷ 帶分數 ─┐
正確步驟
①把帶分數、整數化爲假分數。
②把「÷」改成「×」。
③把除數換成倒數。
④如果能約分就約分。
⑤進行乘法計算。

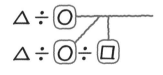

（2）

$$2\frac{2}{3} \div 6 \div 1\frac{5}{9}$$

①化為假分數。

$$= \frac{8}{3} \div \frac{6}{1} \div \frac{14}{9}$$

②改成「×」。
③把除數換成倒數。

$$= \frac{8}{3} \times \frac{1}{6} \times \frac{9}{14}$$

④如果能約分就約分。
※ 約分後記得要檢查數字！
⑤進行乘法計算。

$$= \frac{2 \times 1 \times 1}{1 \times 1 \times 7}$$

$$= \frac{2}{7}$$

🌸 花丸式教學的重點

正確掌握除數是「必須換成倒數的數字」。

「除數」是指接在「÷」後面的數字。

所以，算式中必須換成倒數的數字不一定只有一個喔。

△ ÷ ◯
△ ÷ ◯ ÷ ☐

這些都是「除數」！
也就是必須換成倒數的數字！
（數字前面有「÷」的數字。）

36 分數的四則混合運算

六年級

進行四則（＋、－、×、÷）的混合運算時，
記得先確認完計算順序，再開始解題。

▶ 題目

求出下列各題的答案。

（1） $1\dfrac{1}{9} \times 2\dfrac{2}{5} \div 2$　　　（2） $\dfrac{4}{5} + \dfrac{2}{5} \div 1\dfrac{4}{5} \times 3\dfrac{3}{4}$

正確答案

先決定好計算順序，再照著分數的計算步驟解題！

（1） $1\dfrac{1}{9} \times 2\dfrac{2}{5} \div 2$

只有「×」、「÷」的計算，所以從左邊開始計算！
把帶分數、整數化為假分數。

$= \dfrac{10}{9} \times \dfrac{12}{5} \div \dfrac{2}{1}$

把「÷」改成「×」。
把除數換成倒數。

$= \dfrac{10}{9} \times \dfrac{12}{5} \times \dfrac{1}{2}$

約分後再計算。

$= \dfrac{2 \times 2 \times 1}{3 \times 1 \times 1}$

$= \dfrac{4}{3} = 1\dfrac{1}{3}$

化為帶分數。

四則混合運算的規則
(A) 先計算括弧內的數字。
(B) 先計算「×、÷」，
　　再計算「＋、－」。
(C) 一般都是從左邊開始計算。

（2）

因為是「×、÷」，所以先計算這部分。

$$\frac{4}{5} + \frac{2}{5} \div 1\frac{4}{5} \times 3\frac{3}{4}$$

把帶分數、整數化為假分數。

$$= \frac{4}{5} + \frac{2}{5} \div \frac{9}{5} \times \frac{15}{4}$$

把「÷」改成「×」。除數換成倒數。

$$= \frac{4}{5} + \frac{2}{5} \times \frac{5}{9} \times \frac{15}{4}$$

如果能約分就約分。

$$= \frac{4}{5} + \frac{1 \times 1 \times 5}{1 \times 3 \times 2}$$

變得熟練後，可以省略這部分。

$$= \frac{4}{5} + \frac{5}{6}$$

進行通分。

$$= \frac{4 \times 6}{5 \times 6} + \frac{5 \times 5}{6 \times 5}$$

$$= \frac{24}{30} + \frac{25}{30}$$

$$= \frac{49}{30}$$

$$= 1\frac{19}{30}$$

完成加法、減法的計算後，記得檢查還能不能約分！

37 利用分數的整數計算

六年級

計算整數時，有時化爲分數來計算會比較簡單。
有技巧地善加運用分數吧！

▶ 題目

求出下列各題的答案。

（1）24÷36×15÷35　　　　（2）12÷15－18÷24

正確答案

整數的除法計算有時會求出含有小數的答案，所以一開始就以分數來計算，比較不會發生計算錯誤喔！

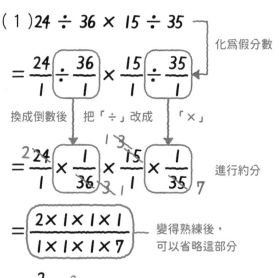

（1）$24 \div 36 \times 15 \div 35$　——　化爲假分數

$$= \frac{24}{1} \div \frac{36}{1} \times \frac{15}{1} \div \frac{35}{1}$$

換成倒數後　把「÷」改成「×」

$$= \frac{24}{1} \times \frac{1}{36} \times \frac{15}{1} \times \frac{1}{35}$$　進行約分

$$= \frac{2 \times 1 \times 1 \times 1}{1 \times 1 \times 1 \times 7}$$　變得熟練後，可以省略這部分

$$= \frac{2}{7}$$　換算成小數會是0.2857……
如果沒有利用分數就會計算不出答案。

$$A \div B \times C \div D$$
$$= \frac{A}{B} \times \frac{C}{D}$$
$$= \frac{A \times C}{B \times D}$$

÷〇←數字放在分母
×〇←數字放在分子

像這樣換算成分數，
試著練習看看吧！

（2）

$$12 \div 15 - 18 \div 24$$

記得先計算「×、÷」！

除法的部分化為分數後，
直向進行約分。

$$= \frac{12^4}{15_5} - \frac{18^3}{24_4}$$

$$= \frac{4}{5} - \frac{3}{4}$$

進行通分

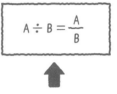

$$A \div B = \frac{A}{B}$$

除法計算時可以變成分數，
多加利用這點吧！

$$= \frac{16}{20} - \frac{15}{20}$$

$$= \frac{1}{20}$$

38 小數化分數

六年級

如果學會把小數變換成分數來計算，計算會變得輕鬆，錯誤也會減少喔！

▶題目

做做看，把小數化爲分數求出答案。

（1）$0.3 + \dfrac{1}{4}$　（2）$\dfrac{2}{3} - 0.5$　（3）0.32×2.5　（4）$3.5 \div 0.75$

正確答案

進行小數或分數的計算時，記得把分數化爲小數或小數化爲分數，統一爲其中一種來計算。

（1）

化爲分數。

$$0.3 + \frac{1}{4} = \frac{3}{10} + \frac{1}{4}$$

進行通分。

$$= \frac{6}{20} + \frac{5}{20}$$

$$= \frac{11}{20} \ (0.55)$$

※如果看到 $\dfrac{1}{4}$ 時，
能馬上就知道 $1 \div 4 = 0.25$，
可以像下面這樣以小數
來計算會比較輕鬆！
$0.3 + 0.25 = 0.55$

（2）

$$\frac{2}{3} - 0.5 = \frac{2}{3} - \frac{5}{10}$$

化為分數。

約分後進行通分。

$$= \frac{4}{6} - \frac{3}{6}$$

$$= \frac{1}{6}$$

※ 如果要把 $\frac{2}{3}$ 化為小數，
會變成0.6666……
這樣會因為除不盡而無法計算。

（3）0.32×2.5

$$= \frac{32}{100} \times \frac{25}{10}$$

化為分數。

約分後再計算。

$$= \frac{4}{5} \ (0.8)$$

（4）$3.5 \div 0.75$

除數為小數時，就換算成分數計算！

$$= \frac{35}{10} \div \frac{75}{100}$$

化為分數。
進行約分。

$$= \frac{7}{2} \times \frac{4}{3}$$

把「÷」改成「×」。
把除數換成倒數。
再約分一次。

$$= \frac{14}{3}$$

換成帶分數。

$$= 4\frac{2}{3}$$

※ 也可以先寫成

$\frac{35}{10} \times \frac{100}{75}$ 再進行約分。

🌸 花丸式教學的重點

不確定該怎麼做時，就把小數化爲分數！

小數都能化爲分數，但分數不見得都能化爲小數。不確定該怎麼做時，選擇「化爲分數」最穩當！

例
$$\frac{1}{3} = 0.3333\cdots \qquad \frac{1}{6} = 0.16666\cdots$$

$$\frac{1}{7} = 0.1428\cdots \qquad \frac{1}{9} = 0.1111\cdots$$

分母爲3、6、7、9時，很多時候都無法化爲小數！

```
─── 常見的小數、分數變換 ───
```

$$0.2 = \frac{1}{5} \qquad 0.25 = \frac{1}{4} \qquad 0.125 = \frac{1}{8}$$

$$0.4 = \frac{2}{5} \qquad 0.75 = \frac{3}{4} \qquad 0.375 = \frac{3}{8}$$

$$0.5 = \frac{1}{2} \qquad\qquad\qquad 0.625 = \frac{5}{8}$$

$$0.6 = \frac{3}{5} \qquad\qquad\qquad 0.875 = \frac{7}{8}$$

$$0.8 = \frac{4}{5}$$

把這些數字的變換背起來吧！

39 小數和分數的混合運算

六年級

遇到小數和分數混在一起的算式時，基本上都是把小數化為分數來計算會比較穩當。

▶ 題目
求出下列各題的答案。

（1） $\dfrac{1}{3} + 0.25 - \dfrac{1}{8}$　　　　（2） $0.375 \times \dfrac{4}{5} \div 1.8$

正確答案

遇到常見的小數時，就化為分數來計算吧！

（1）

$\dfrac{1}{3} = 0.3333\cdots\cdots$
所以不能化為小數

$$\dfrac{1}{3} + \boxed{0.25} - \dfrac{1}{8}$$

化為分數

$$= \dfrac{1}{3} + \boxed{\dfrac{1}{4}} - \dfrac{1}{8}$$

進行通分

$$= \dfrac{8}{24} + \dfrac{6}{24} - \dfrac{3}{24}$$

$$= \dfrac{11}{24}$$ ← 檢查看看能不能約分！

（2）

$$\boxed{0.375} \times \frac{4}{5} \div \boxed{1.8} \qquad 1.8 = 1\frac{8}{10} = 1\frac{4}{5} = \frac{9}{5}$$

化為分數

利用筆記本的空白處
先做好這部分的計算！

$$= \boxed{\frac{3}{8}} \times \frac{4}{5} \div \boxed{\frac{9}{5}}$$

把「÷」改成「×」

$$= \frac{\overset{1}{\cancel{3}}}{\underset{2}{\cancel{8}}} \times \frac{\overset{1}{\cancel{4}}}{\underset{1}{\cancel{5}}} \times \frac{\overset{1}{\cancel{5}}}{\underset{3}{\cancel{9}}}$$

把除數換成倒數

進行約分

$$= \frac{1}{6}$$

花丸式教學的重點

確實理解為什麼要化為分數！

・可以透過約分讓算式變得簡單。
・用小數計算時比較容易計算錯誤。
・小數的除法計算會有除不盡的時候。

基本上，選擇統一用分數計算會比較穩當喔！

第 5 章

計算規則

40 計算規則（計算順序）

四年級

算式有計算順序，必須注意要先從哪個部分開始計算。這些計算規則都是計算基礎喔！

▶ 題目

求出下列各題的答案。

（1）$28-8\times2+4$ 　　　　（2）$4+16\div(14-5\times2)\times2$

正確答案

做做看各式各樣的問題，讓孩子牢記計算順序！

[計算規則]

（A）算式中如果含有括弧，先計算括弧內的數字。

（B）先計算「×、÷」，再計算「＋、－」。

（C）一般都是從左邊開始計算。

（1）　$28-8\times2+4$

（B）‥‥‥‥‥‥‥‥▶ 這裡是「×」，所以要先「×」再計算「＋」、「－」。

$=28-16+4$

（C）‥‥‥‥‥‥‥‥▶ 從左邊開始計算。

$=16$

（2）　$4+16\div(14-5\times2)\times2$

（A）先計算括弧內的數字。
（B）先計算「×、÷」。

$=4+16\div(14-10)\times2$

（A）先計算括弧內的數字。

$=4+16\div4\times2$

（B）先計算「×、÷」。
（C）從左邊開始計算。

$=4+8$

$=12$

遇到含有括弧或四則運算混在一起的長算式時，只要利用把淘汰賽的對戰圖反過來畫的圖表（如下圖）一步一步計算，就不會混淆，計算錯誤也會減少喔！

例

（2）　$4+16÷（14-5×2）×2$

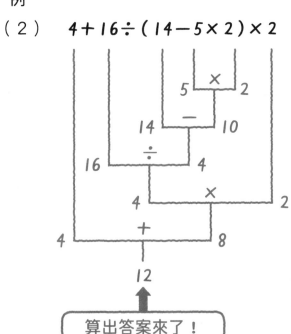

算出答案來了！

41 計算規則（定律）

四、五年級

計算具有一些「即使改變先後順序，或把算式加以結合、拆解也沒關係」的定律。只要學會運用這些定律的技巧，計算起來就會變輕鬆！

▶ 題目

求出下列各題的答案。

（1） $79+65+21$　　　　　（2） $7.2×2.5×4$

（3） $3.4×6.4+3.6×3.4$　　（4） $98×25$

正確答案

牢記計算的「定律」，學會下巧思來解題吧！

（A）交換律　　$□+○=○+□$

$□×○=○×□$

如果是「＋、×」的計算，改變先後順序也能求出相同的答案。

（B）結合律　　$（□+○）+△=□+（○+△）$

$（□×○）×△=□×（○×△）$

如果是「＋、×」的計算，從後面計算回來也能求出相同的答案。

（C）分配律　　$（□+○）×△=□×△+○×△$

$（□-○）×△=□×△-○×△$

$（□+○）÷△=□÷△+○÷△$

$（□-○）÷△=□÷△-○÷△$

去除括弧後分開計算也能求出相同的答案。

（1）　79＋65＋21

　　＝79＋21＋65

　　＝100＋65

　　＝165

運用（A）交換律之下，
可先計算79+21=100，
計算起來輕鬆多了。

（2）　7.2× 2.5×4

　　＝7.2×（2.5×4）

　　＝7.2×10

　　＝72

運用（B）結合律之下，
可先計算2.5×4求出10，
計算起來輕鬆多了。

（3）　3.4×6.4＋3.6×3.4

　　＝6.4×3.4＋3.6×3.4

　　＝（6.4＋3.6）×3.4

　　＝10×3.4

　　＝34

運用（A）交換律。

只要發現有兩個「×3.4」，
就會知道可以運用（C）分配律

（4）　98×25

$= (100 - 2) \times 25$

$= 100 \times 25 - 2 \times 25$

運用（C）分配律。
把98看成（100-2），
再分開計算會比較輕鬆。

$= 2500 - 50$

$= 2450$

42 如何求出□裡的數字？

三年級

想求出□裡的數字時，必須運用「倒算」。一起透過圖表來理解算式的關係吧！

▶ 題目

在□填入正確的數字。

（1）□＋15＝33　　　（2）23－□＝7

（3）12×□＝60　　　（4）40÷□＝5

花丸式教學的重點

運用倒算來求出□裡的數字

(A)□＋A＝B →□＝B－A

(B) A＋□＝B →□＝B－A

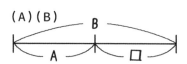

(C)□－A＝B →□＝A＋B

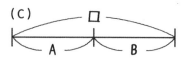

(D) $A - \square = B \rightarrow \square = A - B$

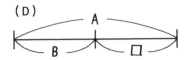

(E) $\square \times A = B \rightarrow \square = B \div A$

(F) $A \times \square = B \rightarrow \square = B \div A$

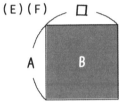

加法→減法
減法→加法
乘法→除法
除法→乘法
基本上，倒算時都是
照上面的變換來計算，
加減互逆、乘除互逆。
但只有（D）、（H）不同，
計算時要特別留意這點！

(G) $\square \div A = B \rightarrow \square = A \times B$

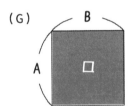

(H) $A \div \square = B \rightarrow \square = A \div B$

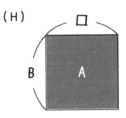

在計算求□的題目時，

可以把求得的答案填入原本的算式來「驗算」！

（1）$\square + 15 = 33$
運用（A）方式。

$\square = 33 - 15$

$\square = 18$

（2）$23 - \square = 7$
運用（D）方式。

$\square = 23 - 7$

$\square = 16$

容易出錯的地方

$23 - \square = 7$

$\square = 23 + 7$

$\square = 30$

看到「－」就認定
它的倒算會是「＋」。

只要填入原本的算式之中計算看看，就會發現答案錯了！

（3）$12 \times \square = 60$
運用（F）方式。

$\square = 60 \div 12$

$\square = 5$

（4）$40 \div \square = 5$
運用（H）方式。

$\square = 40 \div 5$

$\square = 8$

容易出錯的地方

$40 \div \square = 5$

$\square = 40 \times 5$

$\square = 200$

看到「÷」就認定
它的倒算會是「×」。

只要填入原本的算式之中計算看看，就會發現答案錯了！

第 **6** 章

應用篇

43 去括弧法

應用

去除算式裡的括弧時，必須遵守幾項規則。應用篇的內容屬於國中程度的數學，試著挑戰看看吧！

▶ 題目

1 去除下列各題算式的括弧，並求出答案。

（1）32＋（18＋15）　　（2）18＋（12－7）

（3）45－（15＋19）　　（4）29－（19－12）

2 去除下列各題算式的括弧，並求出答案。

（1）5×（2×7）　　（2）8×（6÷3）

（3）36÷（3×4）　　（4）24÷（8÷2）

正確答案

去括弧時必須遵守規則，記得要注意括弧前面有「－」、「÷」的題型。

1

去括弧時的規則（加法、減法）

（A）$A+(B+C)=A+B+C$

（B）$A+(B-C)=A+B-C$

（C）$\boxed{A-(B+C)=A-B-C}$

（D）$\boxed{A-(B-C)=A-B+C}$

※容易出錯點！

括弧前面是「－」的時候，去括弧時，要記得把括弧內的「＋」變成「－」、「－」要變成「＋」。請一邊思考為什麼要這樣改變，一邊實際計算來確認看看吧！

（1）　$32+(18+15)$
　　$=32+18+15$　　運用（A）方式。
　　$=50+15$　　只要去除括弧就好了。
　　$=65$

（2）　18＋（12－7）

　　＝18＋12－7

　　＝30－7

　　＝23

運用（B）方式。
只要去除括弧就好了。

（3）　45－（15＋19）

　　　　　　　　　變成－

　　＝45－15－19

　　＝30－19

　　＝11

運用（C）方式。
因為括弧前面是「－」，
所以括弧內的「＋」要
變成「－」。

（4）　29－（19－12）

　　　　　　　　　變成＋

　　＝29－19＋12

　　＝10＋12

　　＝22

運用（D）方式。
因為括弧前面是「－」，
所以括弧內的「－」要
變成「＋」。

※提醒：依照孩子的學習狀況，評估何時可以進階練習，先把基礎
　　　　練熟，不要急著做太難的題目。

2（1）　　$5 \times (2 \times 7)$

　　　$= 5 \times 2 \times 7$

　　　　　　　運用（E）方式
　　　$= 10 \times 7$　只要去除
　　　　　　　括弧就好了
　　　$= 70$

（2）　　$8 \times (6 \div 3)$

　　　$= 8 \times 6 \div 3$

　　　　　　　運用（F）方式
　　　$= 48 \div 3$　只要去除
　　　　　　　括弧就好了
　　　$= 16$

去括弧時的規則（乘法、除法）
（E）　$A \times (B \times C) = A \times B \times C$
（F）　$A \times (B \div C) = A \times B \div C$
（G）　$A \div (B \times C) = A \div B \div C$
（H）　$A \div (B \div C) = A \div B \times C$

※ 容易出錯點！
　括弧前面是「÷」的時候，
　括弧內的「×」要變成「÷」、
　「÷」要變成「×」。一邊思考
　爲什麼要這樣改變，一邊實際
　計算來確認看看吧！

（3）　　$36 \div (3 \boxed{\times} 4)$

　　　　　　　　　　變成 ÷

　　　$= 36 \div 3 \boxed{\div} 4$

　　　$= 12 \div 4$

　　　$= 3$

運用（G）方式。
因爲括弧前面是「÷」，
所以括弧內的「×」要
變成「÷」。

（4）　　$24 \div (8 \boxed{\div} 2)$

　　　　　　　　　　變成 ×

　　　$= 24 \div 8 \boxed{\times} 2$

　　　$= 3 \times 2$

　　　$= 6$

運用（H）方式。
因爲括弧前面是「÷」，
所以括弧內的「÷」要
變成「×」。

44
應用

四則混合運算（應用）

不要急著開始計算，試著先看過一遍整體算式，在腦中想像要以什麼樣的順序計算。

▶ 題目

求出下列各題的答案。

（1） $25 - 3 \times 4 + [4 + 3 \times (5 - 3)] \div 2$

（2） $3\frac{1}{3} \div 2 - 1\frac{1}{10} - 0.375 \div 2\frac{1}{2} + \frac{7}{12}$

正確答案

括弧內的算式也要小心留意計算順序！

（1）　$25 - \underline{3 \times 4} + [4 + 3 \times \underline{(5 - 3)}] \div 2$

先計算乘法 ── 先計算（）小括弧內

$= 25 - 12 + [4 + \underline{3 \times 2}] \div 2$

先計算〔〕中括弧內的乘法

$= 25 - \underline{12 + 10 \div 2}$

先計算除法

$= 25 - 12 + 5$

從左邊開始計算

$= 13 + 5$

$= 18$

> 臺灣慣用的括弧計算順序：
> 　依照①～③的順序計算
> ① （ ）小括號
> ② ［ ］中括號
> ③ ｛ ｝ 大括號

（2）

$$3\frac{1}{3} \div 2 - 1\frac{1}{10} - 0.375 \div 2\frac{1}{2} + \frac{7}{12}$$

化爲假分數　　　化爲假分數　　　先化爲分數　化爲假分數

$$= \frac{10}{3} \div \frac{2}{1} - 1\frac{1}{10} - \frac{3}{8} \div \frac{5}{2} + \frac{7}{12}$$

①÷改爲×
②把除數換成倒數

$$= \frac{\overset{5}{\cancel{10}}}{3} \times \frac{1}{\underset{1}{\cancel{2}}} - 1\frac{1}{10} - \frac{3}{\underset{4}{\cancel{8}}} \times \frac{\overset{1}{\cancel{2}}}{5} + \frac{7}{12}$$

如果能約分就約分

$$= \frac{5}{3} - 1\frac{1}{10} - \frac{3}{20} + \frac{7}{12}$$ 同時進行相加、相減部分的計算。
※ 也可以一次全部加以通分來計算

$$= \frac{5}{3} + \frac{7}{12} \boxed{-1\frac{1}{10} - \frac{3}{20}}$$

加上括弧。
※ 應用 P144的
（C）方式
原來的「－」減號
加括弧後
要變成「＋」

$$= \frac{20}{12} + \frac{7}{12} \boxed{-\left(1\frac{2}{20} + \frac{3}{20}\right)}$$

$$= \frac{\overset{9}{\cancel{27}}}{\underset{4}{\cancel{12}}} - 1\frac{\overset{1}{\cancel{5}}}{\underset{4}{\cancel{20}}}$$

善加運用一路學習到的規則！
①進行分數的乘法、除法計算時，
　要把帶分數、整數化爲假分數。
②把小數化爲分數。
③如果能約分就約分。

$$= 2\frac{1}{4} - 1\frac{1}{4}$$

$$= 1$$

45 計算巧思 ① （分配律）

應用

看似困難的算式，越有可能從中找到只要用巧思就能簡單計算的提示！

▶題目

求出下列各題的答案。

（1）$38 \times 34 + 37 \times 33 - 36 \times 34 - 35 \times 33$

（2）$3.21 \times 3.7 + 32.1 \times 0.23 + 1.79 \times 6$

（3）$12 \times \left(3 \times 2 - 3\dfrac{5}{6} + 1.75 \right)$

正確答案

只要運用分配律，就能簡單解題！

（1）　$38 \times 34 + 37 \times 33 - 36 \times 34 - 35 \times 33$

$= 38 \times 34 - 36 \times 34 + 37 \times 33 - 35 \times 33$

↓ 運用分配律（參照 P129）

$= (38 - 36) \times 34 + (37 - 35) \times 33$

$= 2 \times 34 + 2 \times 33$

↓ 運用分配律

$= 2 \times (34 + 33)$

$= 2 \times 67$

$= 134$

> 畫上 〜〜〜、＝＝＝、— 的數字各自相同，所以可以運用分配律！
>
> 懂得用巧思來計算，錯誤也會變少！

（2）　$3.21 \times 3.7 + \boxed{32.1} \times \boxed{0.23} + 1.79 \times 6$

$\hspace{2.5cm} \downarrow \div 10 \hspace{1cm} \downarrow \times 10$

$= 3.21 \times 3.7 + 3.21 \times 2.3 + 1.79 \times 6$

$= 3.21 \times (3.7 + 2.3) + 1.79 \times 6$

因為有兩個3.21，
所以可以運用分配律。

$= 3.21 \times 6 + 1.79 \times 6$

$= (3.21 + 1.79) \times 6$

因為有兩個6，
所以可以運用分配律。

$= 5 \times 6$

看似困難的算式變得這麼簡單！

$= 30$

（3）　$12 \times (\boxed{3 \times 2} - \boxed{3\frac{5}{6}} + \boxed{1.75})$

先計算乘法　　　　　化為假分數　　化為分數

$= 12 \times (\boxed{6} - \boxed{\dfrac{23}{6}} + \boxed{\dfrac{7}{4}})$

只要運用分配律，就能約分！

※ 也可以在括弧內
加以通分來計算

$= 12 \times 6 - \overset{2}{\cancel{12}} \times \dfrac{23}{\cancel{6}_1} + \overset{3}{\cancel{12}} \times \dfrac{7}{\cancel{4}_1}$

$= 72 - 46 + 21$

$= 47$

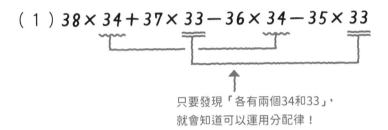

🌸 花丸式教學的重點

學會先看過一遍整體算式，
並思考有沒有什麼巧思可以運用！

例

（1）$38 \times 34 + 37 \times 33 - 36 \times 34 - 35 \times 33$

只要發現「各有兩個34和33」，
就會知道可以運用分配律！

（2）$3.21 \times 3.7 + 32.1 \times 0.23 + 1.79 \times 6$

只要發現3.21和32.1的數字排列相同，就會
知道可以利用「×10」、「÷10」來變換成相同
數字後，再運用分配律計算！

即使原本看似困難的算式，
有時只要用一些巧思，
就能讓算式變得簡單。
算式變得簡單後，就不需要花費太多時間，
計算錯誤也會減少，真是好處多多！

46 計算巧思 ② (合併計算)

應用

遇到長算式的題目時，把算式分成幾個合併區塊來思考，可以讓計算變得輕鬆！

▶ 題目

求出下列各題的答案。

（1）　$81-72+63-54+45-36+27-18+9$

（2）　$426-399+174-111$

正確答案

從算式中找出可以使計算變得簡單的「合併區塊」。

（1）　$\boxed{81-72}+\boxed{63-54}+\boxed{45-36}+\boxed{27-18}+\boxed{9}$

每個區塊的答案都是9。

$= 9+9+9+9+9$

有5個9，
所以可以寫成9×5的算式。

$= 9 \times 5$

$= 45$

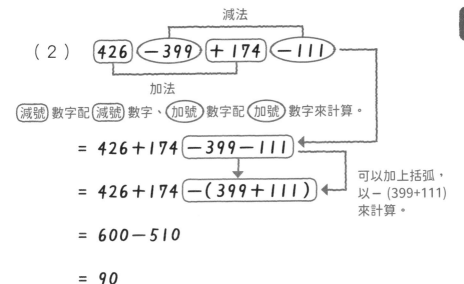

（2）

減法

$$426 \quad -399 \quad +174 \quad -111$$

加法

減號 數字配 減號 數字、 加號 數字配 加號 數字來計算。

$$= 426 + 174 \boxed{-399 - 111}$$

$$= 426 + 174 \boxed{-(399 + 111)}$$

可以加上括弧，
以 $-(399+111)$
來計算。

$$= 600 - 510$$

$$= 90$$

🌸 花丸式教學的重點

試著先看過一遍整體算式，

思考看看有沒有什麼數字可以「合併」計算！

（1）$81 - 72 + 63 - 54 + 45 - 36 + 27 - 18 + 9$

　　　9　72　18　63　27　54　36　45

從左邊照順序計算的話，計算起來會很麻煩……

$$(81-72) + (63-54) + (45-36) + (27-18) + 9$$

只要發現算式中有每個答案都是9的「合併區塊」，
計算就會瞬間變得簡單！

47 計算巧思 ③（簡化計算）

應用

有時只需要一個小點子，就能讓困難的算式瞬間變得簡單。尤其是算式中排列出「可疑的數字」時，其可能性更高！

▶題目

求出下列各題的答案。

（1）　99999＋9999＋999＋99＋9

（2）　（81＋83＋85＋87＋89）－（80＋82＋84＋86＋88）

正確答案

當看見明顯很奇怪的數字排列在一起時，要懂得懷疑「藏有玄機」。

（1）　$\boxed{99999}$ ＋9999＋999＋99＋9

99999＝100000－1
9999＝10000－1　　把原本的數字看成……

＝100000＋10000＋1000＋100＋10－1－1－1－1－1

這組等於是99999（100000-1）。

＝111110－5

＝111105

（2） $(81 + 83 + 85 + 87 + 89)$
$- (80 + 82 + 84 + 86 + 88)$

如果以直向計算，會是81-80=1、83-82=1……
以此類推，所以5組都是1。

（參照 P144）

$= 1 + 1 + 1 + 1 + 1$

$= 5$

$-(A + B)$
去括弧後會
變成 $- A - B$

🌸 花丸式教學的重點

有些算式只需要一個點子就會變得簡單！
可疑的算式背後一定藏有玄機，只要發揮小小的靈感，
就能讓算式馬上變得簡單無比！

以題目（1）為例：

$$99999 = 100000 - 1$$

光是發現可以這麼做，就能讓算式瞬間變得簡單！

48 計算巧思 ④（公式運用）

應用

在這裡稍微拉高一下難度，挑戰看看國中會學習到的公式（計算規則）！

▶ 題目

運用公式（A＋B）×（A－B）＝A×A－B×B，
求出下列各題的答案。

（1）（100＋1）×（100－1）　　（2）2015×2015－2016×2014

正確答案

如果是要計算（100＋1）×（100－1）＝101×99， 必須靠筆算才算得出來， 但只要運用公式就會變得簡單！

（1）　（100＋1）×（100－1）

　　＝100×100－1×1

　　＝10000－1

　　＝9999

（2）　2015×2015－2016×2014

化為可以運用公式的寫法！

　　＝2015×2015－（2015＋1）×（2015－1）

　　＝2015×2015－（2015×2015－1×1）

　　＝2015×2015－2015×2015＋1

　　＝1

－（－1）去括弧後會變成＋1

花丸式教學的重點

理解公式的含意！

$$(A + B) \times (A - B) = A \times A - B \times B$$

（1）$(100 + 1) \times (100 - 1)$ 來思考看看。

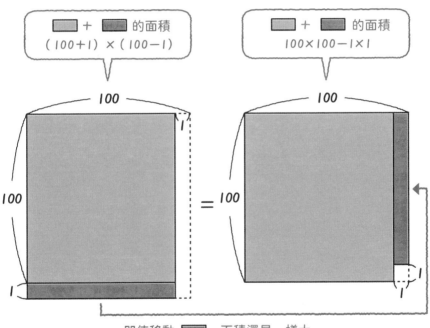

即使移動 ▬，面積還是一樣大

在數學的領域，理解一個公式背後
成立的原因非常重要！

157

49 計算巧思 ⑤ （2位數 ×2位數的心算）

應用

2位數×2位數有各種不同的心算方式，運用自己喜歡的方式快樂練習，真是再好不過了！

▶ 題目

求出下列各題的答案。

（1）15×26

（2）23×16

正確答案

試著把數字拆解成容易心算的形式看看吧！

（1）

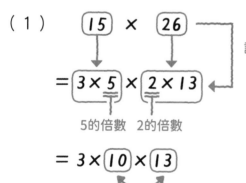

試著拆解數字看看！

5的倍數　2的倍數

2的倍數 ×5的倍數
＝10的倍數

找出2的倍數和5的倍數，就會變得容易心算！
※ 也可運用兩倍和一半的技巧！
（參照 P60）

乘法計算時把數字對換，答案還是不變

$$= 15 \times 26$$

$$= 3 \times 5 \times 2 \times 13$$

$$= 3 \times 10 \times 13$$

$$= 3 \times 13 \times 10$$

$$= 390$$

（2） 無法運用（1）的方式

↓

$(A+B) \times (C+D) = A \times C + A \times D + B \times C + B \times D$

試著運用這個公式計算看看！

$$23 \times 16$$

$$= (\underset{A}{20} + \underset{B}{3}) \times (\underset{C}{10} + \underset{D}{6})$$

$$= \underset{A}{20} \times \underset{C}{10} + \underset{A}{20} \times \underset{D}{6} + \underset{B}{3} \times \underset{C}{10} + \underset{B}{3} \times \underset{D}{6}$$

$$= 200 + 120 + 30 + 18$$

$$= 368$$

也可以把上面的公式，改成較容易計算的這個公式：

$AB \times CD = 100 \times (A \times C) + 10 \times (A \times D + B \times C) + B \times D$

$$\underset{A\ B}{2\ 3} \times \underset{C\ D}{1\ 6}$$

$$= 100 \times (\underset{A}{2} \times \underset{C}{1}) + 10 \times (\underset{A}{2} \times \underset{D}{6} + \underset{B}{3} \times \underset{C}{1}) + \underset{B}{3} \times \underset{D}{6}$$

$$= 200 + 150 + 18$$

$$= 368$$

還沒有熟記公式之前，可以多利用筆記做練習，
讓自己慢慢學會在腦中完成計算！

50 計算巧思⑥（拆解分數）

應用

私中入學考試經常會出現「可疑分數」的題目。
不過，只要學會做法，就能夠簡單解題！

▶題目

求出下列各題的答案。

（1）$\dfrac{1}{2} \times \dfrac{1}{3} + \dfrac{1}{3} \times \dfrac{1}{4} + \dfrac{1}{4} \times \dfrac{1}{5} + \dfrac{1}{5} \times \dfrac{1}{6} + \dfrac{1}{6} \times \dfrac{1}{7}$

（2）$\dfrac{2}{15} + \dfrac{2}{35} + \dfrac{2}{63} + \dfrac{2}{99} + \dfrac{2}{143}$

正確答案

只要知道這個公式，
瞬間就能求出答案！

學會運用這個公式！

當 $B - A = 1$ 時，$\dfrac{1}{A \times B} = \dfrac{1}{A} - \dfrac{1}{B}$

（1）

$$\dfrac{1}{2} \times \dfrac{1}{3} + \dfrac{1}{3} \times \dfrac{1}{4} + \dfrac{1}{4} \times \dfrac{1}{5} + \dfrac{1}{5} \times \dfrac{1}{6} + \dfrac{1}{6} \times \dfrac{1}{7}$$

$\dfrac{1}{2} \times \dfrac{1}{3} = \dfrac{1}{2 \times 3} = \dfrac{1}{2} - \dfrac{1}{3}$ 可以變成這樣的算式！

$$= \left(\dfrac{1}{2} - \dfrac{1}{3}\right) + \left(\dfrac{1}{3} - \dfrac{1}{4}\right) + \left(\dfrac{1}{4} - \dfrac{1}{5}\right) + \left(\dfrac{1}{5} - \dfrac{1}{6}\right) + \left(\dfrac{1}{6} - \dfrac{1}{7}\right)$$

$-\dfrac{1}{3} + \dfrac{1}{3}$ 等於0　（$\dfrac{1}{4}$、$\dfrac{1}{5}$、$\dfrac{1}{6}$ 也一樣）

$$= \dfrac{1}{2} - \dfrac{1}{7} = \dfrac{7}{14} - \dfrac{2}{14} = \dfrac{5}{14}$$

（2）　**學會運用這個公式！**

當 $B - A = 2$ 時，　$\dfrac{2}{A \times B} = \dfrac{1}{A} - \dfrac{1}{B}$

把所有分數都變換成 $\dfrac{2}{A \times B}$ 的形式，才方便運用公式

$$\dfrac{2}{15} + \dfrac{2}{35} + \dfrac{2}{63} + \dfrac{2}{99} + \dfrac{2}{143}$$

$$= \dfrac{2}{3 \times 5} + \dfrac{2}{5 \times 7} + \dfrac{2}{7 \times 9} + \dfrac{2}{9 \times 11} + \dfrac{2}{11 \times 13}$$

$$= \left(\dfrac{1}{3} - \dfrac{1}{5}\right) + \left(\dfrac{1}{5} - \dfrac{1}{7}\right) + \left(\dfrac{1}{7} - \dfrac{1}{9}\right) + \left(\dfrac{1}{9} - \dfrac{1}{11}\right) + \left(\dfrac{1}{11} - \dfrac{1}{13}\right)$$

$-\dfrac{1}{5} + \dfrac{1}{5}$ 等於0　（ $\dfrac{1}{7}$ 、 $\dfrac{1}{9}$ 、 $\dfrac{1}{11}$ 也一樣 ）

$$= \dfrac{1}{3} - \dfrac{1}{13}$$

$$= \dfrac{13}{39} - \dfrac{3}{39}$$

$$= \dfrac{10}{39}$$

理解公式的含意！

當 $B - A = 1$ 時，　$\dfrac{1}{A \times B} = \dfrac{B - A}{A \times B} = \dfrac{B}{A \times B} - \dfrac{A}{A \times B} = \dfrac{1}{A} - \dfrac{1}{B}$

51 計算巧思 ⑦（等差數列）

應用

計算等差數列（每一組相鄰數字的差都一樣的數列）的和時，
概念比公式更重要。

▶題目

求出下列各題的答案。

（1） 7＋8＋9＋10＋11＋12＋13

（2） 1＋3＋5＋7＋9＋11

正確答案

（1） $7+8+9+10+11+12+13$

$$=(\boxed{7}+\boxed{8}+\boxed{9}+\boxed{10}+\boxed{11}+\boxed{12}+\boxed{13}$$
$$+\boxed{13}+\boxed{12}+\boxed{11}+\boxed{10}+\boxed{9}+\boxed{8}+\boxed{7})\div 2$$

把第1個數字～最後1個數字（7～13）倒過來寫出數列後，
可得到共7組合計都是20的數字組。

因為加了2次
所以要除以2

$=20\times 7\div 2$

可求出這個公式！
等差數列的和＝（第1個數字＋最後1個數字）× 數字的個數 ÷2

$=70$ 以這題的算式來說，就會變成（7＋13）×7÷2＝70。

（2）　1＋3＋5＋7＋9＋11

$$= \boxed{(1＋11) \times 6 \div 2}$$

運用左頁的公式進行計算

$$= 12 \times 6 \div 2$$

$$= 36$$

利用下列的做法也能求出答案喔！
從1開始連續下去的奇數的和
＝（奇數的）個數 × 個數

以1＋3＋5＋7＋9＋11為例子來說，
因為有6個奇數，所以是6×6＝36。

原因如下：

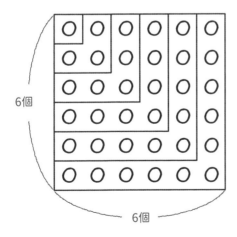

在『 內的○的數量的和
＝1＋3＋5＋7＋9＋11
＝36

6個

6個

把○排列成正方形後，
也可以求出
○的數量＝6×6

52 如何求出□裡的數字？
應用 （以合併計算來思考）

學習一邊留意「計算順序」（參照P134），一邊運用合併的方式來計算含有□的算式。

▶題目

在□填入正確的數字。

（1）$4 + 7 \times \square = 25$　　　　（2）$21 - \square \times 4 = 13$

（3）$\square \div 3 + 8 = 15$

正確答案

試著依照「計算順序」，把與□相鄰的算式框成大框框。

把這部分框成一個大框框看成合併區塊

（1）$4 + \boxed{7 \times \square} = 25$ ············· 當成 $A + \square = B$ 來計算

$\boxed{7 \times \square} = 25 - 4$

$\boxed{7 \times \square} = 21$

$\square = 21 \div 7$

$\square = 3$

（2） $21 - \boxed{\square \times 4} = 13$ ················· 當成 A $-\square=$ B 來計算

$\boxed{\square \times 4} = 21 - 13$

$\boxed{\square \times 4} = 8$

$\square = 8 \div 4$

$\square = 2$

（3） $\boxed{\square \div 3} + 8 = 15$ ·················· 當成 $\square + $ A $=$ B 來計算

$\boxed{\square \div 3} = 15 - 8$

$\boxed{\square \div 3} = 7$

$\square = 3 \times 7$

$\square = 21$

（參照 P140、141）

一起複習看看！

(A) $\square + A = B \rightarrow \square = B - A$　　(E) $\square \times A = B \rightarrow \square = B \div A$

(B) $A + \square = B \rightarrow \square = B - A$　　(F) $A \times \square = B \rightarrow \square = B \div A$

(C) $\square - A = B \rightarrow \square = A + B$　　(G) $\square \div A = B \rightarrow \square = A \times B$

(D) $A - \square = B \rightarrow \square = A - B$　　(H) $A \div \square = B \rightarrow \square = A \div B$

53

應用

如何求出□裡的數字？
（整數）

這篇是求□的應用題，在運用倒算上，基本概念都一樣喔！

▶ 題目

在□填入正確的數字。

（1）（□×6－10）÷4＝8　（2）47－[27÷（□－9）×4]＝11

正確答案

在這裡同樣要框出「大框框」，看成合併區塊來計算。

（1）　把這部分看成一個大框框

$$\boxed{(\boxed{□×6-10})} ÷ 4 = 8 \quad \cdots\cdots\cdots\cdots □ ÷ A = B$$

$$\boxed{□×6} - 10 = 8 × 4 \quad \cdots\cdots\cdots\cdots □ - A = B$$

$$□×6 = 8×4+10 \quad \cdots\cdots\cdots\cdots □ × A = B$$

$$□ = (8×4+10) ÷ 6$$

不要忘記加上括弧！

$$□ = 7 \quad （進行驗算看看！）$$

（2）$47 - [27 \div (\square - 9) \times 4] = 11$ ┄┄ $A - \square = B$（容易出錯的模式）

$27 \div (\square - 9) \times 4 = 47 - 11$ ┄┄ $\square \times A = B$

把這部分看成一個大框框

$27 \div (\square - 9) = (47 - 11) \div 4$ ┄┄ $A \div \square = B$（容易出錯的模式）

$\square - 9 = 27 \div [(47 - 11) \div 4]$ ┄┄

不要忘記加上（ ）、〔 〕！

$\square - A = B$

臺灣慣用的括弧計算順序：
依照①～③的順序計算
① ( ) 小括號
② [ ] 中括號
③ { } 大括號

$\square = 27 \div [(47 - 11) \div 4] + 9$

$\square = 12$（進行驗算看看！）

花丸式教學的重點

不要一開始就直接求□裡的數字，
先思考看看算式裡有沒有大框框！

（1）$((\square \times 6 - 10) \div 4 = 8$ ⟶ 看成 $\boxed{} \div 4 = 8$ 來思考

不要直接看□，先把這部分框成一個大框框，看成合併區塊來計算

$\square \times 6 - 10 = 8 \times 4$ ⟶ 看成 $\boxed{} = 8 \times 4$ 來思考

反覆這樣的動作，求出最終答案，也就是□裡的數字

54 如何求出 □ 裡的數字？
應用 （小數、分數）

求□題的算式裡如果包含了小數或分數，會讓人覺得好像很困難，但其實這時候的計算還是按照一樣的基本順序！

▶ 題目

在□填入正確的數字。

（1）$\dfrac{4}{15} \div 0.4 + \dfrac{3}{8} \times □ = \dfrac{7}{8}$　　（2）$0.2 \times \left(\dfrac{7}{18} \div \dfrac{14}{15} + □ \right) = 1\dfrac{1}{12}$

正確答案

只要照著基本順序解題，就能求出答案！

（1）$\dfrac{4}{15} \div 0.4 + \dfrac{3}{8} \times □ = \dfrac{7}{8}$

把這部分看成一個大框框

$$\dfrac{2}{3} + \boxed{\dfrac{3}{8} \times □} = \dfrac{7}{8} \quad \cdots\cdots A + □ = B$$

可先計算的部分就先計算！

$$\dfrac{3}{8} \times □ = \dfrac{7}{8} - \dfrac{2}{3} \quad \cdots\cdots A \times □ = B$$

$\dfrac{4}{15} \div 0.4$

$= \dfrac{4}{15} \div \dfrac{2}{5}$

$= \dfrac{4}{15} \times \dfrac{5}{2}$

$= \dfrac{2}{3}$

不要忘記加上括弧！

$$□ = \left(\dfrac{7}{8} - \dfrac{2}{3} \right) \div \dfrac{3}{8}$$

$$□ = \left(\dfrac{21}{24} - \dfrac{16}{24} \right) \times \dfrac{8}{3}$$

$$□ = \dfrac{5}{24_{3}} \times \dfrac{\overset{1}{8}}{3} \qquad □ = \dfrac{5}{9}$$

化為分數

$$(2)\ \boxed{0.2} \times \left(\frac{7}{18} \div \frac{14}{15} + \square \right) = 1\frac{1}{12}$$

把這部分看成一個大框框

$$\boxed{\frac{1}{5}} \times \boxed{\left(\frac{5}{12} + \square \right)} = 1\frac{1}{12} \quad \cdots\cdots\cdots\cdots \text{A} \times \square = \text{B}$$

$$\frac{5}{12} + \square = \frac{13}{12} \div \frac{1}{5} \quad \cdots\cdots\cdots\cdots \text{A} + \square = \text{B}$$

$$\square = \frac{13}{12} \div \frac{1}{5} - \frac{5}{12}$$

$$\square = \frac{13}{12} \times \frac{5}{1} - \frac{5}{12}$$

$$\square = \frac{60}{12}$$

$$\square = 5 \quad \text{檢查能不能約分！}$$

可先計算的部分
就先計算！

$$\frac{7}{18} \div \frac{14}{15}$$

$$= \frac{\cancel{7}^{1}}{\cancel{18}_{6}} \times \frac{\cancel{15}^{5}}{\cancel{14}_{2}}$$

$$= \frac{5}{12}$$

花丸式教學的重點

可以先計算的部分就先計算起來！

一邊確認計算順序，一邊從左邊看過算式一遍，

如果發現□以外有可以先計算的部分，就先完成計算。

$$(1)\quad \boxed{\frac{4}{15} \div 0.4} + \frac{3}{8} \times \square = \frac{7}{8}$$

乘法和除法的部分
可以先計算

$$\boxed{\frac{2}{3}} + \frac{3}{8} \times \square = \frac{7}{8}$$

55 倒數運用

應用

這篇是倒數的進階練習，國中會運用倒數概念的求□題，只要掌握訣竅，題目加一層還是能順暢解題！

▶ 題目

在□填入正確的數字。

$$(1)\quad \frac{1}{1+\dfrac{1}{1+\square}} = \frac{4}{5} \qquad (2)\; 1 - 1 \div (1 + 1 \div \square) = \frac{3}{4}$$

正確答案

如果把一方轉換成倒數，另一方也會變成倒數喔！

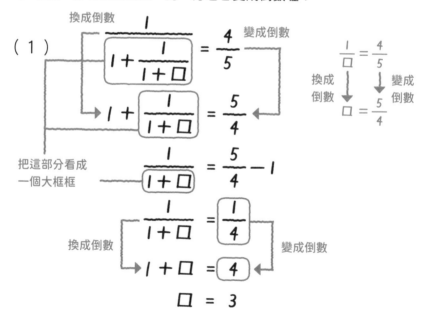

（2）$1 - \boxed{1 \div (1 + 1 \div \square)} = \dfrac{3}{4}$

$1 \div \boxed{(1 + 1 \div \square)} = 1 - \dfrac{3}{4}$

把這部分看成
一個大框框

$1 + \boxed{1 \div \square} = 1 \div \dfrac{1}{4}$

$1 \div \square = 4 - 1$

$1 \div \square = 3$

$\square = 1 \div 3$

$\square = \dfrac{1}{3}$

🌸 花丸式教學的重點

當 $\dfrac{1}{\square} = \dfrac{B}{A}$ 時，會得到 $\square = \dfrac{A}{B}$

原因如下： $\dfrac{1}{\square} = \dfrac{B}{A}$

$1 \div \square = \dfrac{B}{A}$

$\square = 1 \div \dfrac{B}{A}$ $\square = 1 \times \dfrac{A}{B}$ $\square = \dfrac{A}{B}$

56 代入相同數字的算式

應用

部分私中入學考試會出現在□裡代入相同數字的算式計算。這時的重點在於「＝」（等號）左右兩邊的算式會呈現對稱。

▶題目

在□填入正確的數字，且等式兩側的□數字要相同。

（1）□×3－6＝□×2＋1　　（2）3×（□＋9）＝4×（12－□）

正確答案

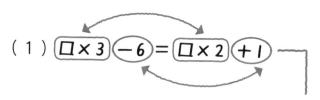

（1）□×3　－6　＝　□×2　＋1

「＝」（等號）左右兩邊的算式相等。　→　框框部分與圓圈部分的差
（就像天平左右兩邊對稱一樣。）　　　　（減法計算求出的答案）相等。

$$□×3－□×2＝1－(－6)$$

$$□×1＝7$$

$$□＝7$$

（驗算）
左邊算式　7×3－6＝15
右邊算式　7×2＋1＝15　　OK!

□×3與□×2的差（指框框部分）：
□×3－□×2
＝□×（3－2）　　※□的數字相同，
＝□×1　　　　　　所以運用分配律

－6與＋1的差（指圈圈部分）：
1－（－6）＝1＋6＝7

（2） $3 \times (\Box + 9) = 4 \times (12 - \Box)$

分配律

$\boxed{3 \times \Box}\ \overparen{+3 \times 9} = \overparen{4 \times 12}\ \boxed{-4 \times \Box}$

框框部分、
圓圈部分的差相等

$3 \times \Box + 4 \times \Box = 48 - 27$

分配律

$(3 + 4) \times \Box = 21$

$7 \times \Box = 21$

$\Box = 3$

（驗算）
左邊算式 $3 \times (3 + 9) = 36$
右邊算式 $4 \times (12 - 3) = 36$ ⎤ OK!

花丸式教學的重點

只要畫成圖表來思考，就會變得容易理解！

（1） $\Box \times 3 - 6 = \Box \times 2 + 1$

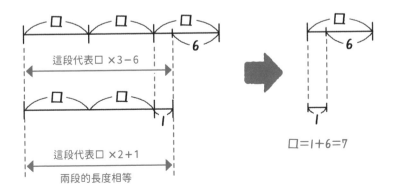

這段代表□ ×3-6

這段代表□ ×2+1

兩段的長度相等

□=1+6=7

57 挑戰入學考題！

應用

這篇帶大家挑戰看看日本私中入學考試實際出過的考題，供家長參考。只要懂得有技巧的運用小學六年學習到的計算規則，以及發現巧思的方法，就能順利解題！

▶ 問題

求出下列算式的答案。

（1）$2.5 \times 0.38 + \left(\dfrac{7}{6} - \dfrac{4}{15} \right) \div \dfrac{3}{16}$ 　【女子學院入學考題】

在□填入正確的數字。

（2）$1\dfrac{5}{9} + 1.375 \div \left(5\dfrac{3}{8} - □ \div 3\dfrac{3}{5} \right) = 1\dfrac{8}{9}$【慶應義塾國中部入學考題（改版）】

正確答案

孩子只要打好在學校所學習到的基礎，即便是有難度的私中考題，也能順利解題！

（1）

$$\boxed{2.5} \times \boxed{0.38} + \left(\left[\dfrac{7}{6}\right] - \left[\dfrac{4}{15}\right] \right) \div \boxed{\dfrac{3}{16}}$$

化爲分數後進行約分。　進行通分。　換成倒數後，把「÷」改成「×」。

$$= \boxed{\dfrac{5}{2}} \times \boxed{\dfrac{38}{100}} + \left(\dfrac{35}{30} - \dfrac{8}{30} \right) \times \boxed{\dfrac{16}{3}}$$

$$= \dfrac{19}{20} + \dfrac{27}{30} \times \dfrac{16}{3}$$

能先約分就盡量先約分。

$$= \dfrac{19}{20} + \dfrac{24}{5} = \dfrac{19}{20} + \dfrac{96}{20} = \dfrac{115}{20} = \dfrac{23}{4} = 5\dfrac{3}{4}$$

完成加減計算後，檢查能不能約分！　（也可以算成小數5.75。）

把這部分看成一個大框框。

（2） $1\frac{5}{9} + \boxed{1.375} \div \left(5\frac{3}{8} - \square \div 3\frac{3}{5}\right) = 1\frac{8}{9}$

化為分數。

$\boxed{1\frac{3}{8}} \div \left(5\frac{3}{8} - \square \div \frac{18}{5}\right) = 1\frac{8}{9} - 1\frac{5}{9}$

把這部分看成一個大框框。

$5\frac{3}{8} - \boxed{\square \times \frac{5}{18}} = \frac{11}{8} \div \frac{1}{3}$

$\square \times \frac{5}{18} = 5\frac{3}{8} - \frac{33}{8}$

$\frac{11}{8} \div \frac{1}{3}$

$= \frac{11}{8} \times \frac{3}{1}$

$= \frac{33}{8}$

$\frac{43}{8} - \frac{33}{8}$

$= \frac{\cancel{10}^{5}}{\cancel{8}_{4}}$

$= \frac{5}{4}$

$\square = \frac{5}{4} \div \frac{5}{18}$

$\square = \frac{\cancel{5}^{1}}{\cancel{4}_{2}} \times \frac{\cancel{18}^{9}}{\cancel{5}_{1}}$

$\square = \frac{9}{2}$

$\square = 4\frac{1}{2}$

第 7 章

計算知識

3.14的乘法計算

抱著好玩的心態利用口訣背起來，
就能計算得快速又正確。

在計算圓周長、圓面積或圓柱體積時，都會以3.14爲圓周率來運用。

一般大多會利用筆算的方式來做3.14的計算，但很多人會在這個地方計算錯誤。對於常見的3.14計算，只要抱著好玩的心態利用口訣背起來，就能計算得快速又正確。

【常見的 3.14 乘法計算與口訣】

$2 \times 3.14 = 6.28$	$(2\pi = 6.28)$	2派送樓給惡霸
$3 \times 3.14 = 9.42$	$(3\pi = 9.42)$	3派酒海遊石鵝
$4 \times 3.14 = 12.56$	$(4\pi = 12.56)$	4派嬰兒玩蝸牛
$5 \times 3.14 = 15.7$	$(5\pi = 15.70)$	5派鸚鵡吃麒麟
$6 \times 3.14 = 18.84$	$(6\pi = 18.84)$	6派石壩跑巴士
$7 \times 3.14 = 21.98$	$(7\pi = 21.98)$	7派二姨去酒吧

8×3.14＝25.12（8π＝25.12）　　　8派二胡逗嬰兒

9×3.14＝28.26（9π＝28.26）　　　9派惡霸下二樓

（※ 3.14乘法的口訣是利用圓周率的符號 π(pi) 所設計。）

除了上表之外，

下列也是常見的3.14計算，把這些背起會很好用喔！

12×3.14＝37.68　　16×3.14＝50.24　　18×3.14＝56.52

24×3.14＝75.36　　25×3.14＝78.5　　36×3.14＝113.04

49×3.14＝153.86　　64×3.14＝200.96　　81×3.14＝254.34

【進行 3.14 乘法計算上的注意重點】

（1）以筆算方式進行3.14的乘法計算時，要把3.14寫在上層。

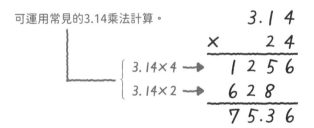

（2）　進行3.14的計算時，訣竅就在於運用分配律，盡可能
　　　最後再做3.14的計算！

▶題目

下圖有3個半徑分別爲5cm、3cm、2cm的半圓形，斜線部分的面積是多少？

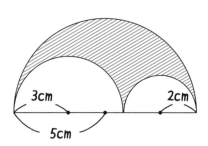

【解法】

$$5×5×3.14÷2-3×3×3.14÷2-2×2×3.14÷2$$

5×5×3.14÷2＝39.25
如果像這樣以小數來計算，很容易導致計算錯誤。

$$=（25-9-4）×3.14÷2$$

運用分配律

$$=12×3.14÷2$$

$$=6×3.14$$

最後才算 3.14 的計算！

$$=18.84$$

答案　18.84cm²

平方數和立方數

記住常用的平方數和立方數，
在計算時非常有用！

　　2×2、3×3……像這樣2個相同整數相乘的數字為平方
數，2×2×2、3×3×3……像這樣3個相同整數相乘的數字則
為立方數。

　　計算圓形或正方形的面積時，經常會使用到平方數。而計
算立方體的體積時，則經常會使用到立方數。

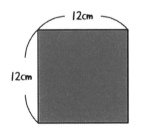

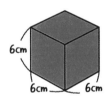

邊長為12cm 的正方形面積
12×12＝144

答案　144cm²

長為6cm 的立方體體積
6×6×6＝216

答案　216cm³

必背平方數

11×11=121
12×12=144
13×13=169
14×14=196
15×15=225
16×16=256
17×17=289
18×18=324
19×19=361

背起來不吃虧的立方數

4×4×4＝64
5×5×5＝125
6×6×6＝216
7×7×7＝343
8×8×8＝512
9×9×9＝729

＜小知識＞

　　$2 \times 2 = 2^2$（2的2次方）、$3 \times 3 = 3^2$（3的2次方）、
$2 \times 2 \times 2 = 2^3$（2的3次方）、$3 \times 3 \times 3 = 3^3$（3的3次方）……
升上國中後，會採用像這樣的寫法或說法。

　　那麼，有人知道2^{10}（2的10次方）是多少嗎？答案是……
$2 \times 2 \times 2 \times 2 \times 2 \times 2 \times 2 \times 2 \times 2 \times 2 = 1024$

※原來連續做10次雙倍相乘的動作後，$2^{10} = 1024$，
　數字會比2大過500倍以上呢！

有趣的數列

認識深奧的數列世界，

會發現數學變得有趣！

　　本書在前面介紹過等差數列，在這裡要多介紹幾種按照一定規律排列的數列讓大家認識！

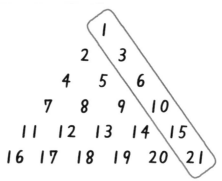

　　第一種是三角形數。我們來把上圖三角形的某一邊數字排成一排看看：

1、3、6、10、15、21……

　　像這樣的數列就稱爲三角形數。

　　從三角形數的數列中，可以觀察到2個相鄰數字的差是依照2、3、4、5、6……的順序逐漸增加。

　　這麼一來，是不是可以推想出三角形數的第8個數字是多少呢？

$$1＋2＋3＋4＋5＋6＋7＋8$$
$$＝（1＋8）×8÷2$$
$$＝36$$

答案　36

　　我們在前面學習過「等差數列的和＝（第1個數字＋最後1個數字）×數字的個數÷2」，上面的算式也是一樣呢！

＜小知識＞

　　你知道1加到10的整數和是多少嗎？

　　（1+10）×10÷2＝55

　　再來一題，1加到100的整數和是多少？

　　（1+100）×100÷2＝5050

　　大家可以先把這兩個整數和背起來，以後一定有機會派上用場的！

既然有三角形數，那有沒有四角形數呢？當然有囉！

$$\boxed{1 \quad 4 \quad 9 \quad 16 \quad 25}$$

$$2 \quad 3 \quad 8 \quad 15 \quad 24$$

$$5 \quad 6 \quad 7 \quad 14 \quad 23$$

$$10 \quad 11 \quad 12 \quad 13 \quad 22$$

$$17 \quad 18 \quad 19 \quad 20 \quad 21$$

第一排的數字就稱爲四角形數。

發現到什麼了嗎？沒錯！四角形數就是平方數。

$$1 \times 1 = 1$$
$$2 \times 2 = 4$$
$$3 \times 3 = 9$$
$$4 \times 4 = 16$$
$$5 \times 5 = 25$$

最後再介紹一種超級有名的數列給大家認識！

I、I、2、3、5、8、I3、2I、34 ……

大家看得出來上面的數列是按照什麼樣的規律排列嗎？

I、I、2、3、5、8、I3、2I、34 ……

2＋3　　　　*8＋I3*

前面2個數字的和就是下一個數字。

按照這種規律排列的數字稱爲「費式數列」。

費式數列之所以有名，是因爲在大自然中也可以發現到它的存在，十分神奇。費式數列與向日葵的種子數量、菊石的形狀、黃金比律有著很密切的關係，大家可以找時間查查看喔！

奇妙的質數

「質數」是一種
充滿謎題的數字

　　在小學時，我們就會學習到質數，但如果有人問你：「質數是一種什麼數字？」你能回答得出來嗎？正確答案是，質數是除了1和該數自身之外，沒有其他因數的數。舉例來說，7和11就屬於質數，但有個要注意的地方，1並不是質數。

　　質數沒有出現規律，所以很難區分是不是質數。正確來說，即使在電腦如此發達的現代，也無法找出質數的規律。因為這樣，質數也常被運用在密碼上。

　　對了，大家能不能說出1到100當中包含哪些質數？

　　2、3、5、7、11、13、17……必須像這樣一個一個數字確認能不能被整除，才會知道是不是質數，是不是很麻煩呢？讓我來分享一個找出質數的好方法吧！

1	2	3	4	5	6	7	8	9	10
11	12	13	14	15	16	17	18	19	20
21	22	23	24	25	26	27	28	29	30
31	32	33	34	35	36	37	38	39	40
41	42	43	44	45	46	47	48	49	50
51	52	53	54	55	56	57	58	59	60
61	62	63	64	65	66	67	68	69	70
71	72	73	74	75	76	77	78	79	80
81	82	83	84	85	86	87	88	89	90
91	92	93	94	95	96	97	98	99	100

① 這是一張1～100的整數，我們先把不是質數的1刪除。

② 把含有2的倍數刪除，等於一口氣刪除2、4、6、8、10的直列。

③ 把含有3的倍數刪除，等於刪除3、6、9、30、60、90的斜列。

④ 接著把含有5的倍數刪除，等於刪除掉5的直列。

⑤ 再把含有7的倍數刪除，這部分只刪除掉49、77、91。

經過①到⑤的動作，剩下來的數字就是質數。只要從2的倍數刪除到7的倍數，就能找出1～100（正確來說，應該是1～120）的質數。以這個方法找出質數的同時，希望大家也可以思考看看其中的原因。

這個找出質數的方法叫做「埃拉托斯特尼篩法」，至今仍受到大家的稱讚，被形容是「了不起的質數篩法」。

1～100的質數包含：

「2、3、5、7、11、13、17、19、23、29、31、37、41、43、47、53、59、61、67、71、73、79、83、89、97。」

一共有25個質數，要記起來喔！

< 小知識 >

有時候想進行分數的約分，卻找不到可約分的因數。尤其是質數×質數所得到的整數更是不容易找出因數。下列是質數×質數的整數，也就是不容易約分的數字。

7 ×13 ＝91	7 ×17 ＝119	7 ×19 ＝133
11×13 ＝143	11×17 ＝187	11×19 ＝209
13×17 ＝221	13×19 ＝247	
17×19 ＝323		

對了，有沒有人知道西元2021年的2021是不是質數？

因為2021＝43×47，所以答案是「不是質數」。「太難了吧！誰會知道2021是43×47啊！」千萬不要這樣唉聲嘆氣喔！如果能對周遭的數字多抱著一些好奇心去做各種調查，就會發現數學其實很有趣！

時間的計算

來說明一下如何計算時間吧！

▶題目

　　小拓在早上7時45分出門，回家時已經是下午3時37分。
請問小拓今天外出的時間共幾小時幾分鐘？

【解法】

　　把下午3時37分加上12小時，換算成24小時制。

　　下午3時37分＝15時37分

$$\begin{array}{r} \overset{14}{\cancel{15}}時\overset{97}{\cancel{37}}分 \\ -\ \ 7時45分 \\ \hline 7時52分 \end{array}$$

37不夠減45，
所以從15時借一個小時 （60分鐘），
變成37＋60＝97

答案　7小時52分鐘

【其他解法】

上午7時45分～正午　12時－7時45分＝4小時15分……①

正午～下午3時35分　　　　　　　　　　　　3小時37分……②

①＋②＝7小時52分

大家也來挑戰其他題目看看吧！

▶題目

（1）$\frac{2}{5}$ 分鐘＝□秒鐘

（2）0.7小時＝□分鐘

（3）$\frac{3}{4}$ 天＝□小時

（4）3小時36分鐘＝□小時（□裡的數字爲分數或小數）

（5）2小時23分鐘18秒鐘 ×4＝□小時□分鐘□秒鐘

（6）9小時7分鐘12秒鐘 ÷8＝□小時□分鐘□秒鐘

【解法】

（1）1分鐘＝60秒鐘　$\dfrac{2}{5} \times 60 = 24$

<u>答案　　24</u>

（2）1小時＝60分鐘　　$0.7 \times 60 = 42$

<u>答案　　42</u>

（3）1天＝24小時　　　$\dfrac{3}{4} \times 24 = 18$

<u>答案　　18</u>

（4）把36分鐘換算成小時

$36 \div 60 = 0.6$　　　$\dfrac{36}{60} = \dfrac{3}{5}$

<u>答案　3.6 或 $3\dfrac{3}{5}$</u>

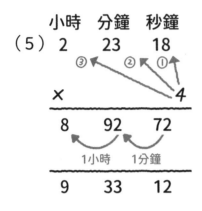

	小時	分鐘	秒鐘
（5）	2	23	18

①18×4＝72秒鐘→60秒鐘＋12秒鐘
（進位1分鐘）
②23×4＝92分鐘→60分鐘＋32分鐘＋1分鐘
（進位1小時）
③2×4＝8小時→
　8小時＋1小時＝9小時

答案 9、33、12

如果把2小時23分鐘18秒鐘換算成8598秒鐘再乘以4，數字會變得很大，那麼大的數字要再換算成小時、分鐘、秒鐘的話，計算起來會很辛苦。

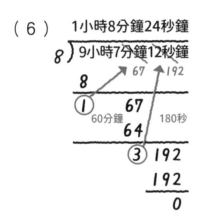

（6） 1小時8分鐘24秒鐘

①9÷8＝1餘1小時 （60分鐘）
②7分鐘＋60分鐘＝67分鐘
　67÷8＝8餘3分鐘 （180秒鐘）
③12秒鐘＋180秒鐘＝192秒鐘
　192÷8＝24

這題也是，如果把9小時7分鐘12秒鐘換算成秒鐘來計算，會比較複雜。

答案 1、8、24

第 8 章

計算技巧

為什麼會不小心搞錯計算順序？

培養觀察整體算式的能力，
確實掌握題目的意圖！

　　計算有各種各樣的規定，也就是所謂的規則。當中最具代表性的規則就是「計算順序」。前面在P134已經做過說明，我們在這裡重新整理一遍計算規則吧！

①算式中如果含有括弧，先計算括弧內的數字。
②先計算「×、÷」，再計算「＋、－」。
③一般都是從左邊開始計算。

　　只要能記住這三點，就不會搞錯計算順序。為什麼明明沒有那麼困難，卻還是會搞錯？常見的原因是，孩子在小學階段大多只會練習從左邊開始計算的題目。關於四則混合運算或含有括弧的計算題目，小學比較少機會接觸。
　　不過，升上國中後，這類計算就會變多，如果能趁著課業

還算輕鬆的時候，開始慢慢接觸各種問題，有助於國中的學習。因爲沒有做過四則混合運算的計算經驗，就會認爲應該都要從左邊開始計算，也無法養成先看過整體算式，確認過計算順序後才開始計算的習慣。

舉例來說，在學校不太可能練習到像下面這樣的計算題。

$32 + 48 \div (18 - 5 \times 2) \times 3 - 8$

照順序來計算的話，這題計算題的順序會是：

①$5 \times 2 = 10$　　②$18 - 10 = 8$

③$48 \div 8 \times 3 = 18$　④$32 + 18 - 8 = 42$

很多時候即便懂得計算規則，實際解題時還是會無法好好運用規則，而做出一開始就計算$32 + 48 = 80$，或是先計算$(18 - 5 \times 2) \times 3$等動作。

這類問題的背後藏有目的，也就是「想要確認學生是不是眞的理解計算順序」。只要留意到這點，就能發現題目藏有陷阱，還會一邊偸笑一邊解題。有些家長可能會說：「這對我們家孩子來說太難了！」不過，孩子一旦成了應考生，不論面對哪個科目，都必須具備分辨出題者意圖（題意）的能力。就這個角度來說，讓孩子事先接觸難度較高的計算題，會是一種很好的練習。

怎麼做才記得住容易錯的公式？

輕鬆熟記容易錯、容易忘記的公式。

在數學的領域裡，會使用到各種各樣的公式。如果能夠牢記公式並加以運用，公式就會成為非常方便的工具，但如果運用方法錯了，有時可能整題被扣全分，後果慘不忍睹。

有哪些公式容易錯呢？下面幾個就是具代表性的公式。

① 圓周＝半徑×2×圓周率

② 圓面積＝半徑×半徑×圓周率

③ 三角形面積＝底×高÷2

④ 梯形面積＝（上底＋下底）×高÷2

這當中①和②，可能連爸爸和媽媽也曾經不小心搞錯吧？原因就在於這兩個公式很相似、半徑和直徑容易混淆，以及不小心搞混了圓周和面積等，藏了三個陷阱。

有什麼解決方法呢？首先，為了盡可能讓兩個公式不要那

麼相似，不妨直接把圓周的公式記成「直徑×圓周率」。接下來，如果經常因為這個公式出錯，就讓自己養成習慣，針對必須求出答案的部分畫圖。如果是求圓周，就順著圓形畫線；求面積，就畫上斜線。透過這樣動手畫圖的動作，就會意識到自己該計算什麼，錯誤自然也會減少。

　　至於③和④的公式，大家應該也都有過忘記÷2的不甘心經驗吧！

　　如果只是單純求三角形面積或梯形面積，或許不會出錯，但如果是應用題計算到一半時要運用這個公式，很多時候會因為專注於其他計算，而不小心忘了÷2。為了防止這樣的狀況發生，可以把公式轉換成「三角形面積＝1/2×底×高」，讓自己習慣運用這個先乘以1/2的公式。

　　一開始或許會覺得怪怪的，但只要習慣了，就能很自然的從先乘以1/2的動作開始做起，就不會忘記寫上÷2。而且換成分數，也能順利進行約分，可說是一舉兩得的好方法。

　　公式不能光靠死背。本書也多次強調重點是必須先理解公式得以成立的原因，希望大家能在確實理解原因之下，記住公式來做練習。

寫橫式的重要性

為了方便確認、同時掌握自己計算到哪個步驟，
記得一定要寫橫式！

　　如同P37的說明，著手計算時，分開來寫「橫式」和「筆算」的動作十分重要。有些孩子會以「寫橫式很麻煩」為由，而只靠筆算來解題。的確，只靠筆算也能求出答案。不過，我會強調必須寫橫式，並非毫無理由。如果留下過程，就會知道自己當初以什麼樣的順序來解題，當回過頭看時，就能掌握到自己的計算習慣，答錯時也能很快就發現自己錯在哪裡。還有，橫式也能發揮「標示位置」的功能，讓你在解題解到一半時，可以知道自己正在計算什麼。

　　不是只有求出正確答案才重要，留下思考過程以掌握自己容易出錯的地方也很重要。如果只靠「筆算」就完成計算，將會難以掌握自己當初是以什麼樣的順序來解題，所以寫筆記和考試時，都一定要養成習慣寫橫式！

確實寫橫式的好處……

$$4+16÷（14－5×2）×2$$
$$=4+16÷（14－10）×2$$
$$=4+16÷4×2$$
$$=4+8$$
$$=12$$

- 方便確認！
- 一看就知道自己計算到哪裡！
- 藉由留下計算過程，能清楚知道計算錯誤的原因！

　　近來有越來越多的學校老師在入學考試時，會採用即使計算到一半，也會針對途中算式給分的計分制度，針對這點來說，寫橫式將變得更為重要。

好方法推薦 —— 計算複習本

找出原因,並提醒自己注意,
就能減少計算錯誤。

改不掉計算錯誤的孩子,大多是在無意識之下出錯。反過來說,只要有意識的提醒自己去注意,就能減少這些無意識犯下的錯誤。不過,如果只是告訴孩子解題時要小心出錯,並無法發揮效果。除非具體去面對,並且有意識的減少錯誤,否則問題永遠都在。如同本書前面各章所做的說明,孩子之所以會計算錯誤,背後都有其原因。因為每個孩子的原因不同,理所當然必須採取適合不同孩子的解決方法。

針對這點,我會推薦使用「計算複習本」。長年來,我經營的補習班一直致力幫助孩子們建立學習法。當中尤其以「複習本」被認定為最強筆記本法。複習本的用途在於讓孩子從曾經答錯過的題目當中,保留住屬於自己的必要題目、優良題目來複習。複習本採用A4大小的活頁筆記本,我們會讓孩子把題目貼在上面,加上講解,也寫出錯誤原因以及該題目的重

重新解題後，答對就畫○，答錯就畫╳。
連續得到兩個○就過關！

**計算錯誤
題庫的寫法**

○	日期	練習本等題目來源
○	頁數	題目編號 ×○
○	題目	影印或手抄
○		
○	解答	不只寫答案，也要寫計算過程的算式。
○	原因	寫出計算錯誤的具體原因 （例：不小心先做了加法計算。
○		

點，並定期重新解題。關於複習本的具體製作方法，在這邊先不多做說明，但我想強調一點，所謂的學習，本來就是要「學會原本不會的內容」。所以，只要在複習本不斷累積寫錯的題目，並反覆複習到能夠完美解題，就能擺脫像在接受魔鬼特訓般那種缺乏效率的學習方式。

　　同樣地，「計算複習本」也是用來累積答錯的計算題，並記下正確答案和錯誤原因的筆記本。目的是爲了讓孩子注意到錯誤原因。如果孩子能夠有所自覺的發現本以爲是粗心大意才會算錯，事實上卻是「搞錯計算方法」或「自己養成壞習慣」所導致，那就太棒了。這麼一來，孩子自然就會抱著「下次不要再犯相同錯誤」的意識去面對計算。因爲孩子計算錯誤問題而煩惱的爸爸媽媽，要不要考慮嘗試一下這個做法呢？

解題檢查的重點

不要把錯誤當作只是扣分，
學會把錯誤化為下次助力的檢查法！

　　孩子在考試或解題時，經常會被要求做檢查，但相信有很多孩子不知道具體該怎麼做？這裡介紹School FC會指導學生的「檢查法」。不限於計算題，其他考試不妨也請試一試！

（1）考試或解題時，拿鉛筆在題目編號的左邊做記號。

○ 檢查後，如果有把握寫了正確答案，就在該題目畫上○
　⇒ ○代表不需要再檢查該題目

△ 雖然已經解出答案，但沒把握有沒有寫對答案時，
　就在該題目畫上△
　⇒△代表該題目是完成所有題目後，必須再做檢查讓
　　記號變成○的題目

? 如果是看不懂而先跳過的題目就畫上？
　⇒？代表該題目是完成所有題目後，若能解題就盡量解
　　題的題目。

（2）解題檢查的重點

A.「什麼時候」檢查？

一定要「每一題」都做檢查，並標上記號。不可以等到寫完全部之後再一起檢查、一起標記號！因為「解完題目的當下」最容易發現錯誤。

B. 檢查「什麼」？

①「題目內容」……重讀一遍，確認有沒有「看錯內容」、「看錯數字」。

②「要回答什麼？」……如果是經常答非所問的人，就養成習慣在題目的發問內容底下畫線吧！

③「過程算式和筆算內容」……不要拿橡皮擦擦掉，保留住計算過程才能做檢查。

C.「如何」檢查？

①「專注」檢查……「我要做到零失誤！」檢查時要抱著這樣的強烈意念！如果檢查心不在焉，就不能發現錯誤。

②「快速」檢查……平均每題花費3～5秒鐘，最久也不要超過10秒鐘左右就要完成檢查。一開始或許會花上比較多時間，但訓練久了，就能快速又正確的檢查。

D. 如何標記號？

千萬不要說一句「每題都沒把握」，就標上一大堆「△」的記號！

標上「△」的題目是指第一時間無法完全理解的題目。這時要對自己有信心，努力讓「△」的記號變成「○」！

（3）解答後的回顧

實際對錯（紅字）	檢查記號（黑字）	結果分析	未來如何改進？
○	○	有把握，也答對了。	很好!拿到應該拿的分數了!
✕	○	有把握，但是答錯了。	檢查不夠仔細。記得保留住錯誤的原因!
○	△	沒把握，但是答對了。	給自己信心，下一次把檢查記號標成○。
✕	△	沒把握，也答錯了。	好好理解「似懂非懂」的題目，要能說明錯在哪裡。
○	？	不懂題目，但是答對了。	拿到不是真正實力的分數。閱讀講解內容，讓自己真正理解題目。
✕	？	不懂題目，也答錯了。	重新閱讀講解內容，讓自己理解題目。

第 **9** 章

在家提升
計算力的方法

在家提升計算力的方法 ①
（烹飪篇）

烹飪是最棒的數學教材

日常居家生活就有很多可以讓孩子在幫忙烹飪時，能夠提升「計算力」的方法。

① 數數看

「數數看有多少？」這個動作是一切的基本。舉例來說，可以請孩子幫忙拿盤子到桌上，藉此讓孩子數盤子的數量，或是讓孩子數食材、點心的數量等等。若能在小學一年級或學齡前的階段，就自然養成「數數」的習慣，將可奠定計算力的基礎。

② 學習單位

烹飪時會體驗到各種「單位」，像是量杯（ml）、肉的重量（g）、蔬菜長度（cm）、烹調時間的長短（分鐘）等

等。藉由實際測量或親身體驗各種「單位」，將可以培養出「單位概念」。

③ 除法、分數、比例

　　舉例來說，「均分蛋糕」的動作能學習到分數的構成、「把多少塊餅乾分給多少人」的動作能學習到除法的基礎。除此之外，烹飪也有助於學習比例，例如「以1比3的比例把醬油和白糖加在一起」等等。

　　烹飪不僅有助於提升計算力，也藏有許多提升數學力的要素。像是從熱狗或水煮蛋的剖面可以得知橢圓形，或透過把豆腐切丁的動作，可以學習到表面積的增加等等。

　　另外，如果是必須同時或連續進行多種動作的料理，將可延伸到多工處理能力的提升。像是小數點的移動、分數約分等計算動作，就會需要發揮多工處理能力。

　　有時候媽媽必須忙著做菜，反而沒空帶著孩子練習幫忙。不過，還是很希望大家能夠定期安排與孩子一起享受烹飪樂趣的機會。

在家提升計算力的方法 ②
（外出篇）

生活中，到處充滿著數字！

與孩子一起外出時，試著利用日常生活看得到的各種數字，讓孩子像是在玩遊戲的情境，藉此培養「計算力」。

① 捷運或公車的車資

近來隨著Suica、PASMO（註3）的普及，「購買車票」的機會變少了。不過，與孩子一起外出時，或許可以試著與孩子一起確認票價表，並實際購買車票。沒有實際購買車票也沒關係，但建議大家可以藉機讓孩子計算車資，像是問問孩子說：「到目的地每個人都要買○○元的車票，如果有○人要去，不知道總共要花多少錢喔？」不只車資，也可以利用動物園或遊樂園的入場券費用讓孩子做練習。

（註3：Suica、PASMO是日本的儲值車票卡，以及具有電子錢包功能的智慧卡，等同於臺灣的悠遊卡、一卡通。）

② 利用車速、儀錶或車牌號碼來玩遊戲

　　開車出門時也可以找到學習數學的機會。比方說，看著車速錶詢問孩子：「我們要跑○km才能抵達目的地，如果以時速○km前進，大概幾小時可以抵達？」或在加油站時，詢問：「要加多少公升才能把油加滿？」可以像這樣在享受兜風樂趣的同時，與孩子一起動動腦。

　　另外，4位數的車牌號碼也是經常被用來出題的數字，像是「全部加起來是多少？」「你能不能用這4個數字寫出答案是10的算式？」等等。

　　「只要走在路上，就會遇到數字。」這麼說或許誇張了點，但在外頭，可以接觸到很多在家裡不會遇到的數字（海拔多少m、全長多少km、多少億年前、可容納人數幾萬人等等）。不一定要出遠門，在家附近的公園也可以接觸到數字。這時不需要立刻向孩子說明或說出答案，重要的是讓孩子去想像。藉由這樣的動作，能夠幫助孩子建立數量感、分量感等所謂的數字概念。透過五感實際學習到的經驗，將能化為活知識和感知，將來在各式各樣的場面都可派上用場。學習不是只能坐在書桌前面進行，利用玩遊戲或搶答等玩樂形式來學習，將可為孩子帶來拓展數學世界的契機。

在家提升計算力的方法 ③ （購物篇）

讓孩子練習擔任會計人員

購物必須計算金錢，這對提升孩子的計算力大有幫助。不僅對加減乘除的計算有幫助，購物的經驗也能讓孩子掌握容易受挫的「每單位平均大小」或「比例」概念。

① 心算力

「如果想買450元的肉和300元的魚，總共要花多少錢？」「1個點心要150元，如果想買3個，總共要花多少錢？」可以藉由像這樣的練習，幫助孩子培養加法和乘法的心算力。另外，也可以有機會學習到概算，像是「如果想買這麼多，全部大概要花多少錢？」

雖然近來大家比較常使用電子錢包或信用卡，但偶爾試著給孩子現金一起去購物會很有趣的。

② 比例

　　打〇折、〇%off……這類標示有助於掌握比值、百分率的概念。「800元的肉正在打8折，打完折後會變成多少錢？」可以試著像這樣發問，讓孩子動腦思考答案。

③ 每單位的平均大小

　　透過平均每支或平均每個多少錢來做比較的動作，孩子將能體認到每單位的平均大小。

④ 彙整能力

　　讓孩子把實際購物時所花費的金額記在零用錢記帳本上，有助於培養孩子的計算力和彙整成表格的能力。

　　孩子們對計算金錢都會十分感興趣。而且，計算金錢有一種「不能算錯」的緊張感，所以孩子會執著於計算的正確性。零用錢要是少了一塊錢，孩子就會激動的哇哇大叫。就這點來說，購物也能成爲很好的教材。等孩子升上高年級之後，也可以試著讓孩子幫忙跑腿獨自去買東西，那將會是很好的社會經驗。

在家提升計算力的方法 ④ （生活習慣篇）

從日常生活中就能學習到各種單位

雖然本書是針對提升計算力所需的計算方法和知識加以彙整內容，但在計算時，有時可能因爲沒有確實理解單位而答錯。在單位方面，除了烹飪之外，日常生活中也有很多學習機會。

① 利用時鐘

對孩子而言，在意識到時間之下採取行動也是非常重要的習慣。因此，有技巧的利用時鐘來提升孩子的計算力，可說具有一石二鳥的效果。

如果孩子還是低年級，利用針式時鐘會比電子時鐘的學習效果更好。原因在於針式時鐘帶有刻度，孩子會比較容易計算。舉例來說，錶盤上是以每5分鐘爲一刻度來顯示，這點可以讓孩子利用九九乘法練習5的倍數來計算。「現在距離○時還有幾分鐘？」「過了○分鐘之後是幾時幾分？」提

醒爸爸媽媽不要一副就是要孩子學習的態度來發問，建議改成讓孩子做確認的問法會更理想。「到了三點就來吃點心，還要幾分鐘才三點啊？」「〇點要準時出門喔！你要準備幾分鐘？」像這樣有技巧的利用孩子期待的事物來發問，孩子肯定會認真思考答案。

② 利用體重計

除了時鐘之外，相信每個家庭也都會有一台體重計，可以試著把每月第一天訂成全家人量體重的日子，再把測量結果製作成圖表。這麼做除了可以學習如何製作圖表，還可以鍛鍊讀取能力，像是「比半年前胖了〇kg」等等。「爸爸的體重比我重3倍耶！」從大人和小孩的體重差距之中，也可以得到倍數或比例的學習。

③ 測量各式各樣的物品

我們身邊有很多可以測量的物品，比方說可以用長尺來測量長度、用秤子來秤重等等。「不知道這東西有多大？」當心中有疑問時，就要盡可能當下做確認。感興趣或覺得好奇的時候，就是最佳的學習機會。當孩子表現出感興趣或好奇的態度時，請大人務必要給孩子學習的機會，讓孩子知道如何測量。

在家提升計算力的方法 ⑤（常識篇）

經驗的累積
有助於掌握數字概念

　　前面幾篇介紹了各種「在家提升計算力的方法」，目的就是希望孩子可以在日常中感受到數學十分貼近生活，但其中原因不單純只是爲了「提升計算力」。

　　無論什麼數字，都有其「常識範圍」。舉例來說，人類的身高再怎麼高也頂多200cm左右、汽車的速度再快也頂多100km左右……。

　　對大人來說，這類「數字常識」是理所當然，但對經驗值不多的孩子來說，很多時候是抓不到感覺的。

　　「到學校的距離爲○km，○○同學花了○分鐘走到學校。○○同學走路的時速是多少km？」以這個題目爲例子來說好了，有些孩子會寫出「時速100km」這種完全不合乎常識的答案。

　　當然了，依題目內容的不同，正確答案有可能真的是「時速100km」，但至少在小學生會遇到的問答題當中，幾乎不會有答案「超乎常識」的狀況發生。

　　如果孩子具備「數字常識」，在求出「時速100km」這個答案的當下，腦中應該就會冒出「這也太誇張了吧？」的想法，而懷疑自己可能算錯答案。反之，如果不具備「數字常識」，有時就不會察覺到錯誤，因此錯過修改的機會。

　　再舉一個例子，如果明明是「在書店買了幾支鉛筆？」的題目，孩子求出「12.5支」的答案卻不以為意的話，就能得知孩子只會看數字或算式。當然了，只要問一句：「有可能買到12.5支鉛筆嗎？」幾乎所有孩子都會察覺到那是不可能的事，但重點是孩子若不能主動察覺到「不對勁」，就無法減少計算錯誤。

　　不只在書桌前攤開書本學習很重要，讓孩子增加野外體驗等經驗值也非常重要。當孩子處在必須自己動腦思考、自己做出決定、自己採取行動的環境之中，就不能以事不關己的態度去面對結果。透過到戶外玩耍或野外體驗，將能在大自然之中學習到常識與知識，並切身感受到絞盡腦汁去想像所有可能性是一件重要的事。

　　大自然之中也存在著數學的世界。請爸爸媽媽多帶著孩子踏出家門，獲得在戶外盡情自由玩耍的豐富經驗！

練習題

以下是配合 P44 ～ P141的練習題，解答就在練習題的後面，寫完題目後記得確認看看答案是否正確。

1　有 8 顆蘋果和 5 顆橘子，蘋果和橘子相差幾顆？

2　（1）3＋9　　　　　（2）6＋7

3　（1）15－8　　　　（2）11－5

4　（1）　157　　　　（2）　216
　　　　＋ 45　　　　　　　－ 39

5　練習心算。
　　（1）28＋54　　　（2）73－17

6　背出下列題目的九九乘法。
　　（1）6×7　　　　（2）4×8

7　練習心算。
　　（1）27×7　　　　（2）39×8

8　練習心算。
　　（1）16×35　　　（2）7×25×4

9　（1）　16　　　　（2）　　　249
　　　　× 34　　　　　　　× 106

10　（1）69÷3　　　（2）6$\overline{)564}$

11　求出餘數。
　　（1）38÷4　　　（2）800$\overline{)58700}$

12　求出餘數。
　　（1）9$\overline{)274}$　　　（2）7$\overline{)728}$

13　求出餘數。
　　16$\overline{)679}$　　　（2）43$\overline{)293}$

14 （1）2.3＋4.9　　　　（2）5.4－3.4

15 （1）1.4＋6.61　　　　（2）8－0.19

16 （1）0.8×6　　　　　（2）3.7×30

17 （1）1.76×0.8　　　　（2）3.5×1.04

18 （1）2.29×0.1　　　　（2）4.5×80

19 算算看，計算到除得盡爲止。
　　（1）7.8÷3　　　　　（2）3.92÷8

20 算算看，計算到除得盡爲止。
　　（1）8.67÷3.4　　　　（2）31.2÷0.48

21 算算看，求商數到小數第二位，並記下餘數。
　　7.8÷3.2

22 （1）4.3÷0.1　　　　（2）0.56÷0.08

23 說明分數 $\dfrac{3}{8}$ 所代表的意思。

24 練習約分。
　　（1）$\dfrac{48}{72}$　　　　　　（2）$\dfrac{42}{98}$

25 把假分數化爲帶分數、帶分數化爲假分數。
　　（1）$\dfrac{33}{5}$　　　　　　（2）$3\dfrac{5}{6}$

26 （1）$\dfrac{2}{7}+\dfrac{3}{7}$　　　　（2）$\dfrac{11}{13}-\dfrac{7}{13}$

27 （1）$\dfrac{2}{7}+\dfrac{1}{5}$　　　　（2）$\dfrac{1}{6}+\dfrac{5}{12}$　　　　（3）$\dfrac{7}{12}-\dfrac{9}{20}$

28 （1）$1\dfrac{5}{6}+3\dfrac{3}{10}$　　（2）$4\dfrac{1}{12}-2\dfrac{11}{15}$

29　$3\dfrac{1}{4} - 1\dfrac{7}{12} + 1\dfrac{1}{6}$

30　（1）$7 \times \dfrac{2}{15}$　　　　　　（2）$\dfrac{3}{11} \times 3$

31　（1）$\dfrac{4}{9} \times \dfrac{3}{5}$　　　　　　（2）$\dfrac{7}{12} \times \dfrac{3}{14}$

32　（1）$1\dfrac{7}{18} \times 2\dfrac{7}{10}$　　　　（2）$2\dfrac{1}{12} \times 2\dfrac{7}{10} \times 1\dfrac{5}{9}$

33　求出倒數。
　　（1）3　　　　　　　　　（2）1.2

34　（1）$4 \div \dfrac{5}{8}$　　　　　　（2）$\dfrac{7}{9} \div 3$

35　（1）$3\dfrac{1}{8} \div 2\dfrac{1}{2}$　　　　（2）$2\dfrac{2}{3} \div 1\dfrac{7}{9} \div 3\dfrac{3}{4}$

36　（1）$2\dfrac{4}{9} \times \dfrac{7}{8} \div 1\dfrac{5}{6}$　　（2）$8\dfrac{1}{6} - \dfrac{3}{7} \div \dfrac{3}{14} \times 3\dfrac{4}{5}$

37　（1）$28 \div 21 \times 15 \div 24$　　（2）$8 \div 12 - 6 \div 10$

38　（1）$\dfrac{5}{6} - 0.4$　　　　　　（2）0.75×2.4

39　（1）$\dfrac{5}{6} + 0.6 - \dfrac{4}{15}$　　　（2）$0.875 \times \dfrac{5}{14} \div 2.5$

40　（1）$34 - 7 \times 3 + 9$　　　（2）$24 + 36 \div (26 - 4 \times 5) \times 2$

41　（1）$83 + 59 + 17$　　　　　（2）$5.6 \times 4.5 + 4.5 \times 4.4$

42　在□填入正確的數字。
　　（1）$29 - □ = 11$　　　　（2）$□ \div 9 = 3$

解答

1	3顆	
2	(1) 12	(2) 13
3	(1) 7	(2) 6
4	(1) 202	(2) 177
5	(1) 82	(2) 56
6	(1) 42	(2) 32
7	(1) 189	(2) 312
8	(1) 560	(2) 700
9	(1) 544	(2) 26394
10	(1) 23	(2) 94
11	(1) 9餘2	(2) 73餘300
12	(1) 30餘4	(2) 104
13	(1) 42餘7	(2) 6餘35
14	(1) 7.2	(2) 2
15	(1) 8.01	(2) 7.81
16	(1) 4.8	(2) 111
17	(1) 1.408	(2) 3.64
18	(1) 0.229	(2) 360
19	(1) 2.6	(2) 0.49
20	(1) 2.55	(2) 65
21	2.43餘0.024	
22	(1) 43	(2) 7
23	把1分成8等分時的3份	
24	(1) $\frac{2}{3}$	(2) $\frac{3}{7}$
25	(1) $6\frac{3}{5}$	(2) $\frac{23}{6}$
26	(1) $\frac{5}{7}$	(2) $\frac{4}{13}$

27	(1) $\frac{17}{35}$	(2) $\frac{7}{12}$	(3) $\frac{2}{15}$
28	(1) $5\frac{2}{15}$	(2) $1\frac{7}{20}$	
29	$2\frac{5}{6}$		
30	(1) $\frac{14}{15}$	(2) $\frac{9}{11}$	
31	(1) $\frac{4}{15}$	(2) $\frac{1}{8}$	
32	(1) $3\frac{3}{4}$	(2) $8\frac{3}{4}$	
33	(1) $\frac{1}{3}$	(2) $\frac{5}{6}$	
34	(1) $6\frac{2}{5}$	(2) $\frac{7}{27}$	
35	(1) $1\frac{1}{4}$	(2) $\frac{2}{5}$	
36	(1) $1\frac{1}{6}$	(2) $\frac{17}{30}$	
37	(1) $\frac{5}{6}$	(2) $\frac{1}{15}$	
38	(1) $\frac{13}{30}$	(2) $1\frac{4}{5}$ (1.8)	
39	(1) $1\frac{1}{6}$	(2) $\frac{1}{8}$	
40	(1) 22	(2) 36	
41	(1) 159	(2) 45	
42	(1) 18	(2) 27	

family field 親子田 親子田系列 055

小學 6 年一定要培養的計算能力
小学校6年間分の計算がスッキリわかる本

作　　　者	松島伸浩
監　　　修	高濱正伸
譯　　　者	林冠汾
審　　　訂	洪進益
責 任 編 輯	陳彩蘋
封 面 設 計	張天薪
內 頁 排 版	陳姿廷

出 版 發 行	采實文化事業股份有限公司
童 書 行 銷	張惠屏・侯宜廷・林佩琪
業 務 發 行	張世明・林踏欣・林坤蓉・王貞玉
國 際 版 權	鄒欣穎・施維真・王盈潔
印 務 採 購	曾玉霞・謝素琴
會 計 行 政	許俶瑪・李韶婉・張婕莛
法 律 顧 問	第一國際法律事務所　余淑杏律師
電 子 信 箱	acme@acmebook.com.tw
采 實 官 網	www.acmebook.com.tw
采實文化粉絲團	www.facebook.com/acmebook
采實童書粉絲團	www.facebook.com/acmestory

I S B N	978-626-349-161-8
定　　　價	350元
初 版 一 刷	2023年3月
劃 撥 帳 號	50148859
劃 撥 戶 名	采實文化事業股份有限公司
	104 臺北市中山區南京東路二段95號9樓
	電話：02-2511-9798　傳真：02-2571-3298

小学校6年間分の計算がスッキリわかる本
SHOGAKKOU 6NENKANBUN NO KEISAN GA SUKKIRI WAKARU HON
written by Nobuhiro Matsushima, supervised by Masanobu Takahama
Copyright © 2020 Nobuhiro Matsushima, Masanobu Takahama
All rights reserved.
Original Japanese edition published by KANZEN Inc.
Complex Chinese edition copyright ©2023 by ACME Publishing Co., Ltd.
This Complex Chinese edition is published by arrangement with KANZEN Inc., Tokyo
in care of Tuttle-Mori Agency, Inc., Tokyo, through Keio Cultural Enterprise Co., Ltd.,
New Taipei City.
國家圖書館出版品預行編目資料

小學6年一定要培養的計算能力 / 松島伸浩作；林冠汾譯.
-- 初版. -- 臺北市：采實文化事業股份有限公司, 2023.03
　面；　公分. -- (親子田；55)
譯自：小学校6年間分の計算がスッキリわかる本
ISBN 978-626-349-161-8(平裝)
1.CST: 數學教育 2.CST: 小學教學

523.32　　　　　　　　　　　　　112000116